以启蒙的名义
Im Namen der Aufklärung

黄燎宇　〔德〕奥特弗里德·赫费　编

北京大学出版社
PEKING UNIVERSITY PRESS

图书在版编目(CIP)数据

以启蒙的名义/黄燎宇,(德)奥特弗里德·赫费编.—北京:北京大
学出版社,2010.1

(北京大学德国研究中心专题论丛)

ISBN 978 - 7 - 301 - 16545 - 4

Ⅰ.以…　Ⅱ.①黄…②赫…　Ⅲ.启蒙运动 - 文集　Ⅳ.B504 - 53

中国版本图书馆 CIP 数据核字(2009)第 233959 号

书　　　名:以启蒙的名义

著作责任者:黄燎宇　〔德〕奥特弗里德·赫费　编

责 任 编 辑:初艳红　熊　蕾

标 准 书 号:ISBN 978 - 7 - 301 - 16545 - 4/D·2534

出 版 发 行:北京大学出版社

地　　　址:北京市海淀区成府路 205 号　100871

网　　　址:http://www.pup.cn

电　　　话:邮购部 62752015　发行部 62750672　编辑部 62767347
　　　　　　出版部 62754962

电 子 邮 箱:zpup@ pup.pku.edu.cn

印　刷　者:北京山润国际印务有限公司

经　销　者:新华书店
　　　　　　650 毫米×980 毫米　16 开本　9.75 印张　109 千字
　　　　　　2010 年 1 月第 1 版　2010 年 1 月第 1 次印刷

定　　　价:23.00 元

声　明

　　本书属于北京大学德国研究中心所策划和组织的学术活动的成果,受到北京大学德国研究中心(ZDS)出版基金和德国学术交流中心(DAAD)的资助。

"北京大学德国研究中心专题论丛"总序言

　　北京大学德国研究中心由来自北京大学从事德国研究和相关领域研究的学者,以及来自兄弟院校的相关学者所组成,以德国文学、哲学、社会、政治、法律、历史、经济和文化等为对象,进行综合性的、集体性的学术研究。依照总的学术规划,北大德国研究中心每年都要围绕特定的问题,邀请中德双方的专家学者,进行跨学科的、全面的和深入的讨论和考察,在此基础上举行相关的学术会议和工作访问,以交流和总结相关的成果。这些成果需要提供给学界和社会,以供参考并促进更加深入的研究,于是,我们编辑出版"北京大学德国研究中心专题论丛"。这个论丛将逐年按专题出版。为了提高我们德国研究的学术水平,以及本论丛的水平,我们希望大方之家不吝指教。

目　录

中方开幕致辞

北京大学校长　许智宏

尊敬的部长阁下，

各位来宾，

老师们、同学们：

我首先对德国科教部部长莎琬博士来北大访问表示衷心的欢迎！

今天的报告会是一个特别的报告会，是关于启蒙问题的研讨会。部长阁下在访问中国之际来到北大，参与一个学术的研讨会，充分表明了部长阁下对中德学术交流的重视。记得去年德国科学年的主题就是"人文学科"，部长阁下曾说："人文学科使得我们的世界变得可以理解，它沟通人类的过去、现在和未来。"（Die Geisteswissenschaften machen unsere Welt begreifbar. Sie vermitteln zwischen Vergangenheit, Gegenwart und Zukunft.）我非常同意这一说法。中国自古就有自己的人文学科传统，德国的人文学科在西方也非常具有影响，我们两国的人文学科的学者在一个多世纪以来也一直相互影响，相互交流，而且德国近代以来的许多人文学者的思想在中国的知识界产生了很大的影响。

今天报告会选择的题目是启蒙问题，这无疑是一个十分重要的问题,既是一个历史的问题,同时也是一个现实的问题。特邀的两位德国的学者和两位北大的学者下面将对这一问题发表自己的看法。我想这种交流是非常必要并十分重要的。我们不但要理解过去、现在和未来,同时也要理解自己和他者,特别是在全球化的时代,相互之间的了解和理解变得更加重要且不可或缺。

北京大学具有深厚的人文学科的传统,是中国人文学科的重镇。特别在德国历史、德国哲学、德国文学和语言以及德国教育的研究方面,有着很好的基础。在此基础上,我们还建立了德国研究中心,3 年前,德意志学术交流中心也开始为此中心提供支持。这个中心现在是最活跃的中心之一,积极致力于推动中德学术的交流。今天的报告会无疑会进一步促进北京大学与德国学术界的交流,也会进一步促进北京大学德国研究中心的发展。

各位来宾,北京大学十分重视国际学术交流,而德国一直是我们国际交流中的一个重要伙伴。几年来我们一直同德国多所著名大学共同举办中德大学校长论坛,促进双方的信息沟通,推动双方的合作。今天部长阁下亲临北大,亲临此次学术报告会,对于我们两国的学术交流,特别是人文学科的学术交流,一定会产生重要的影响。

最后再次欢迎部长阁下的来访,同时感谢四位演讲的中德学者,你们的演讲一定会为我们理解启蒙问题提供新的视角,促进我们双方的相互理解。

谢谢各位!

德方开幕致辞

德国科教部部长　安娜特·莎琬

　　大学是我们学术体系的核心。我很高兴地看到,中国和德国大学之间多年以来都保持着紧密的联系。双方共同开展了许多激动人心的项目。所以,今年能与诸位共聚一堂,我和我的代表团都感到非常高兴。同时,我们对中国科学事业不仅在大学,而且在研究机构取得的发展表示高度的敬意和赞赏。这一发展是我们今天在此讨论进一步增进两国的科技合作及其他合作项目的基础。

　　大学的合作基本上由科学家个人或集体承担。今天我们这场活动的主角就是几位把架设科学桥梁视为己任的高校教师。他们有的像赫费教授这样,既熟悉中国大学的情况,也在这里任过教;有的在人文科学的对话方面有着丰富的经验,了解这种对话在科学整体中的价值。

　　我们今天想共同探讨构成欧洲文化基石的一种哲学或者说传统。它从根本上决定了欧洲人在过去几个世纪逐渐形成的自我认识。这种形成过程绝对不是连续或者和谐的。其间伴随着各种争论,其结果就是我们今天所说的启蒙运动。

　　说到启蒙,我们总是联想到人的特殊地位,联想到人担负责任的特殊能力和可能性。启蒙运动塑造了欧洲人的精神生活,启蒙运动铸就了欧洲大学的传统,启蒙运动影响了欧洲人对科学的理解。

最具代表性的德国启蒙哲学家是伊曼努尔·康德。他不仅为欧洲精神生活这一卓越非凡而且影响深远的发展制订了纲领,他的著作也对与启蒙有关的各个领域都产生了超乎寻常的影响。

启蒙不仅指个人的理性自我认识过程,启蒙也是一个时代概念,特指欧洲和北美 17、18 世纪所经历的一段历史。这一时期对于欧洲的政治和思想发展具有几乎不可估量的意义。

启蒙运动的思想成果逐步影响到社会和文化生活的各个领域。首先是政治模式的转变,国家的政治基石由专制转向民主,人民得以当家做主。人权和公民权的理念也随着这种政治模式的转换诞生。

把人和人的能力置于中心地位,这仿佛是地道的欧洲观念。去年,在伴随欧盟诞生的《罗马条约》签署 50 周年之际,欧洲各国国家和政府首脑们再次对这一理念进行了清晰的表述。《柏林宣言》中写道:欧洲的财富在于欧洲人的知识和能力。

人独特的可能性、人的知识和能力、人的力量和天赋的开发只能在教育过程中变为现实。这一思想主要由教育改革家威廉·洪堡所吸收。1810 年,他与他人共同创立了柏林大学,也就是后来的洪堡大学。洪堡将一种寄托着殷切期望的新的大学模式付诸实施。这种模式的核心内容就是"科学塑造人"。

威廉·洪堡怀有理想主义观念。他对"教育"的概念有过出色的阐述。他说,"教养"就是促进人的所有潜力和行为(Äußerung)的全面发展。洪堡甚至发表极端言论,说"教育"是"人类进步"的唯一可能性。20 世纪初,贵校一位早期的校长曾在莱比锡大学学习哲学。洪堡的教育理念对他产生了极大的影响,所以他尝试将这套理念用于中国现代大学的建设。

学术塑造人,洪堡如是说。培养参与精神,教育是关键;人类解放,教育是关键;人尽其才,教育是关键。但教育首先是社会和文化发展的推动力。

康德在《纯粹理性批判》的最后一章提出了四个问题。我认为,如何回答这些问题将在很大程度上决定每一代人的气质和自我认识。这四个启蒙核心问题是:我能知道什么? 我应当做什么? 我可以希望什么? 最后一个问题是:人是什么?

欧洲传统对这最后一个问题的回答造就了一种信仰。我们坚信,人的尊严不可侵犯,人的尊严不依赖其业绩和财富,也不依赖其才能和局限;我们坚信人类肩负着自由和责任的天职;坚信"人是目的",所以人的尊严非他者所赋予,而只能是来自自己;最后,我们坚信无论具体的社会、文化环境和条件如何,人都是不可让渡的人权的载体。这种权利并不来自他人的施舍,不是他人恩赐所得的,而是指其作为一个人所固有的权利。

根据普遍的看法,作为一个历史时期的启蒙运动随着法国大革命的结束而结束。作为个人和社会的思想过程,启蒙运动原则上却是永无止境,永远具有不可磨灭的现实意义。

科学无国界。任何科学领域都是如此,人文科学也不例外。人文科学特别需要跨文化对话,而且能够不断赋予这种对话新的活力。

跨越文化边界的对话有利于加深相互理解。这种关系的发展不仅依靠我们希望通过这个或那个具体项目实现目标。只有在进行具体项目合作的同时对彼此的文化背景、对那些在彼此的思想史上产生过影响并且继续产生影响的东西进行研究,我们的关系才具有实质性和稳定性。因此,这种跨文化对话不仅要探讨对今天,对 21 世纪而言至关重要的话题,而且要对各自思想史中那些具有深远影响的力量进行探讨。众所周知,在我们的时代,人类取得了前所未有的成就,但与此同时,人类的自我反思也显示出前所未有的重要性。

我对今天的报告会充满期待,也期望德国和中国大学在未来继续良好的合作。

谢谢大家!

(戴甚彦　译,黄燎宇　校)

开 幕 报 告

德国图宾根大学　奥特弗里德·赫费

　　说到启蒙，不能只谈欧洲，还必须谈到中国。德国启蒙之王哥特弗里德·威廉·莱布尼茨曾这样写道："由于命运的独特安排，今天人类最高的精神文明和技术文明仿佛已集中在我们这块大陆的两端，也就是欧洲和中国。"

　　欧洲一般都以启蒙时代即悠长的"光明世纪"(*siècle des lumières*) 为豪。这种态度有道理，也没有道理。说它有理，是因为欧洲的启蒙时代受到非常细致入微的批判，譬如对天真的理性乐观主义和进步乐观主义的批判，对机构和传统的偶尔过头的批判。但启蒙时代从本质上讲是一个多姿多彩的时代，其中也包括所谓的启蒙辩证法。启蒙辩证法在最初相当有节制，因为它只是对工具理性展开批判。这无疑是一个辉煌的历史时期。这一时期诞生了如此众多的思想家，如数学家兼物理学家牛顿，如数学家、历史学家兼哲学家莱布尼茨，如伦理学家、民族法学家兼政治哲学家夏尔-路易·德·孟德斯鸠，如法国百科全书派。此外还有被歌德称为"时代奇迹"的伏尔泰，还有道德哲学家和国民经济学家亚当·斯密，还有伟大的休谟，以及朴素启蒙的批判者卢梭，特别是作为启蒙哲学的顶峰和转折点的康德。

在启蒙运动建立的诸多丰功伟绩中，需要强调三点。在"理论"方面，经验得到承认，包括自然经验和社会经验；在实践特别是政治方面，自由得以加强，这反映在对宽容、宗教自由和刑法改革的要求；二者背后都有被委以重任的理论理性和道德理性作支撑。层出不穷的杰出人物和杰出成绩足以使欧洲的启蒙时代成为一个独一无二的、拥有三大成就的时期。然而，从17世纪中叶至18世纪末的一百五十年并非世界史上唯一的启蒙时期。

欧洲之所以有资格为启蒙时代感到自豪，是因为欧洲各国的文化成为了启蒙的载体。我们只需看看众多杰出人物的出生地和影响区域便知。现代国际法学创始人之一、前启蒙和早期启蒙者格劳秀斯（Hugo Grotius）①来自荷兰；与他同时代最具影响力的国际法学家，德国的普芬道夫（Samuel Pufendorf）②在海德堡和瑞典的隆德（Lund）当过大学教员，在斯德哥尔摩担任过数年国务枢密大臣，后在柏林任布兰登堡宫廷史官；哲学家斯宾诺莎也是荷兰人；洛克和牛顿是英国人；休谟和亚当·斯密是苏格兰人；德国启蒙之王莱布尼茨与当时欧洲几乎所有的学者保持通信联系，倡议在柏林和圣彼得堡建立科学院。法国有孟德斯鸠和进行大型学术工程的百科全书派，还有持批判立场的知识分子的原型伏尔泰。但是伏尔泰也先在英国，后在德国腓特烈大帝的宫廷度过多年；来自瑞士日内瓦的卢梭是百科全书派成员，也是朴素启蒙的批判者；欧洲启蒙的巅峰和转折点康德则一生都在东普鲁士首都柯尼斯堡。

也正是康德道出了时代的本质。他道出了石刻般言简意赅的

① 格劳秀斯（1583—1645）或译格老秀斯，原名 Huig de Groot，荷兰法学家、政治家。其主要著作《论战争与和平法》（1625）和《公海自由论》（1609）奠定了国际法的基础。神学方面，他提倡宗教宽容以及重新统一新教与天主教。——译注

② 普芬道夫（1632—1694）或译普芬多夫，德国历史学家、法学家，古典自然法学派主要代表。主要著作包括《法学要论》（1660）、《自然法和万民法》（1672）。他尝试用天赋理性来重新定义法学，创造了"自然法"这一概念，传播国际法。——译注

名言:"敢于认识(Sapere aude)！鼓起勇气,运用自己的理智。"在这个口号之下,欧洲暂时搁置所有政治纷争,掀起一场席卷整个欧罗巴的运动。这场运动时而表现为思想合作,时而表现为精神竞争。从此,启蒙成为欧洲不可剥夺的遗产,但前提是人们不把启蒙当成一劳永逸的观念之定规。启蒙其实是一个过程,其特征在于下定决心,独立思考。这一决定将启动排除谬误和偏见的进程,也会将人从特殊限定中渐渐解放出来,逐步释放具有普遍人性和严格的普遍性的理性。

启蒙被理解为一个丰富多彩的独立思考过程。这本身表示欧洲对其"光明世纪"感到骄傲,但是欧洲不能把"光明世纪"看成人类的唯一启蒙事件。必须补充一句:幸亏如此。如果启蒙运动仅仅是欧洲近代的特殊现象,我们就很难期待其他文化出现启蒙运动,更不能把启蒙强加给别的文化。事实上,很多文化都有过启蒙运动。作为历史预备事件,古代的启蒙运动特别是古希腊的启蒙运动是欧洲启蒙运动的前提。

为启蒙辩护,不等于陶醉于欧洲中心主义,更非致力于建立一个单纯信仰基督教的欧洲。启蒙时代的伟大哲学家还包括犹太人巴鲁赫·德·斯宾诺莎,后来又有康德的对话伙伴、犹太人摩西·门德尔松。今天,在全球化的时代,我们需要一点有助于避免令其他文化蒙羞、避免人们产生对欧洲和西方的怨恨的东西;我们需要跨文化的对话。对话表明,不论文化归属如何,我们都面临一项任务:我们都应帮助属于各种文化的人所具有的潜能转化为活生生的现实。人类得天独厚,拥有语言和理性,所以有可能、也有义务成为对自身负责的人,有可能、也有义务运用自己的理智。尽管人与人之间存在差异和界限,这项任务因为具有普遍主义特征而成为人类共同的任务,所以我们并不因为很多文化里面都出现启蒙运动而感到诧异。我们再次补充:幸亏如此。

本次演讲会的谈论对象是莱布尼茨强调的两个文化,即中国文化和欧洲文化。我们的中国同仁将介绍中国文化中的范例。作为汉学的业余爱好者,我只想提及生活在公元前3世纪的鸿儒荀子。他提出了典型的启蒙的要求,那就是把人的思想从迷信和偏见中解放出来。

不论欧洲、中国还是其他地方,启蒙运动都取得一项成果。这一成果一直受到欢迎,在今天,在全球化时代,更是如此。它可以帮助人们摆脱伴随其成长的一孔之见,用开阔的视野取代狭隘的眼光,我们今天正是在这片广阔视界中举行中德之间的跨文化对话。

启蒙具有拓展精神视域之效,这就有可能带来积极的政治影响。如果启蒙不仅拓宽少数文化人,而且拓宽大众的思想视野,那么,一个社会、一个文化就可以由此摆脱目光狭隘、故步自封,从而对其他社会和文化充满好奇。好奇产生认识,认识产生价值观。在这一过程中,自然会产生开放和宽容。

启蒙不仅克服了文化自我中心主义,也超越了历史自我中心主义。在此,人文科学功不可没。人文科学使人关注其他的文化和历史时期,所以让人理解三个道理。一是理解他人的不同之处,二是理解自己与他人的共性,三是通过结合同异更好地理解自己。

今天的演讲会正有助于这三重理解。幸好——我第三次说幸好——中德两国的学者和哲学家之间的对话并不新鲜。我们的对话传统并非只有几十年,而是十分悠久。我举几个来自我的专业也就是哲学领域的例子:前面提到的"德国启蒙之王"对中国兴趣盎然,绝非泛泛涉猎。莱布尼茨通过教士朋友和其他耶稣会士出版的拉丁语译本研究孔子的著作。他与即将前往北京钦天监任职的闵明我(Claudio Filippo Grimaldi)[1]见面时,给了后者一个问题清单,涉及中国的语言、族群以及技术发展状况。随便说一句:中国皇帝康熙了解欧几里得几何,能够借助三角几何学推算天文运行。

回过来谈莱布尼茨。他以《中国近事》(*Novissima Sinica*)为标题,把在华耶稣会成员的通信和文章结集出版。我一开始引述的话就来自该文集的序言。为了给柏林科学院开辟主要的财源,他甚至建议多少缩短著名的丝绸之路,也就是在波茨坦的皇家花园里养殖桑蚕。这个事情当然没有成功。莱布尼茨如此看好中华帝国,说他"亲华"也不足为过。他阐述中国科学与哲学的系统概论是他最为成功的出版物之一。书的标题很窄:《论中国自然神学》(*Discours sur la théologie naturelle des Chinois*)。

莱布尼茨著名的学生沃尔夫[2]同老师一样对中国感兴趣。他出版了《关于中国人的道德学说的讲话》。关于中华帝国,康德又在《自然地理学》中写道:"这个帝国无疑是世界上人口最多、也最文明的国度。"

如果换个角度,如果从中国看欧洲,我就可以谈谈康德的译介情况。一个百多年前,也就是在 19 世纪末,康德被引入中国。哲学家梁启超(1873—1929)说,第一阶段的康德主要仰仗日文翻译。梁启超本人则"用中国传统思想的概念诠释康德"。康德接受的第二阶段始于重要的知识分子从德国留学归来。这时人们开始依照原文介绍康德。其中一个最重要的代表就是蔡元培(1868—

---

① 闵明我(1639—1712),意大利耶稣会士,曾助南怀仁在京修大清历法,后任钦天监监正。通过与莱布尼茨的通信,他把中国以及康熙介绍给欧洲。主要著作有《方星图解》(1711)和与莱布尼茨的通信(1689,1693)。——译注

② 沃尔夫(1679—1754),德国哲学家,试图在理性基础上建立系统的哲学,对人类认知的乐观态度影响德国启蒙运动。主要著作有《全部数学的开端根据》(1710)、《关于人类知性力量的理性思考》(1712,1738,1754)、《关于世界之上帝和人之灵魂的理性思考》(1719,1741)等,还著有《论中国人的实践哲学》。——译注

1940）。他先任教育部部长，后任北京大学校长。《纯粹理性批判》的首个译本也出自一位北京大学校长之手。牟宗三是第三阶段的代表，他不仅——尽管是从英文——翻译了康德最重要的作品，还撰写了三本论述康德的专著。

最后我可以提醒大家，时至今日北京大学依然是康德研究的一个重镇。

（王　歌　译，黄燎宇　校）

奥特弗里德·赫费教授是当代德国最有影响的哲学家之一，现任图宾根大学教授，海德堡科学院院士，德国《哲学研究》杂志主编。

启蒙的主体

北京大学哲学系　韩水法

在这样一个关于启蒙的研讨会上发言,让人深切地感受到学术责任的重大。今年 10 月,北京大学哲学系与外国哲学研究所将举办一个国际性的启蒙学术会议。已有几十名中国和西方的重要学者表示将参加此次会议,其中包括十余名德国学界的同行。今天的报告会恰好就成为那次会议的一个华美的前奏。这也同时表明,启蒙问题对于今天所有人类具有同样重要的意义。

一、启蒙的主体

自欧洲启蒙运动至今,历史已经走过了两百多年;而自中国人第一次提出启蒙的概念,至今已近两千年。①

启蒙及其概念在西方经历了重大的变化。在今天,人们关于启蒙理解的多样化与人们生活方式的日益趋同,与历史归结于某种一致性的观点之间,存在着巨大的反差。这就引出了有关启蒙的一个关键,即出路问题,而

---

① 汉代应劭(约 153—196)《风俗通》的《皇霸》篇云,"每辄挫衄,亦足以祛弊启蒙矣。"是为"启蒙"一词之首见。晋顾恺之(348—409)有《启蒙记》,宋朱熹(1130—1200)有《易学启蒙》。

出路在德语里的另一个意思就是终结。

中国传统启蒙概念所包含的去除蒙蔽而发扬理智这层意思，在一千八百多年的历史演进中虽然得到了深化，但依然维持其本义。尽管这一层意思与现代从西方引入的启蒙概念在基本意义上相近，但是在现代，它还是受到西方启蒙概念的严重冲击，乃至被颠覆。

启蒙一词在汉语里面是由两个词构成的。启是动词，本义是开、打开，引申为启发，启导；蒙是名词，指一种草本植物，即菟丝子，引申为蒙翳、蒙昧；在启蒙这个复合词中，它又进一步引申为蒙童。由此可见，在汉语里面，启蒙一词的本义就是去除遮蔽物，而显露出被遮蔽的东西。因此，启蒙概念在词源上是由借喻或隐喻而来的，它的核心内容就是除却蒙昧而使理智彰显出来。

不过，启蒙概念在其构成之时就被赋予了大体确切的内容，这就是与语文教育结合在一起的伦理道德和人文知识教育，后者主要包括历史、政治、天文与地理等内容。这些知识在当时的中国人看来是彼此贯通、支持和印证的。

时至现代，启蒙概念在中国思想里发生了巨大的变化。在与世界其他思想，尤其与西方思想的交流之中，启蒙概念变得多元起来，从而不再具有确定的所指。曾经有一种来自西方的伟大启蒙，让中国人前所未有地体验了那种乌托邦所能带来的一切苦难。于是，启蒙概念又仿佛回到了隐喻的状态。启蒙的必要预示着蒙昧的存在，而概念的多元却表明所谓蒙昧原来也是不清楚的。

当康德指出启蒙的原则就是勇于运用自己的理性时，启蒙概念看起来就获得了其最为确定的所指。然而，我不必指出，西方启蒙精神的主要因素并非是在启蒙时代才突兀而起的，而启蒙运动中出现的作为启蒙的和理性的观念和原则就曾经以其朴素的或不完整的形式出现在以前的西方思想里,而处于演变和生长的过程之中。启蒙运动无非就是理性以其普遍性对所有这些因素的系统的整合。因为单单如下一个事件,即福柯在两百年之后重新回答康德"什么是启蒙"的问题时,强调关于启蒙乃为出路的解释,并认为人类到那个时候尚未寻找到出路,就说明启蒙概念在西方也重新展现为隐喻的状况。

所以,在今天如果有人追问,现在是一个启蒙了的时代吗?那就等于牵扯出一系列难题。启蒙既然又回到了隐喻状态,人类对理性的自信又陷于多元化的丛林之中。倘若出于责任,一定要对这个问题有所回答,那么,或许只能这样说,"我们经历了启蒙运动,以及它带来的所有后果。但是,没有什么出路是清楚地显示着的。"

事实上,启蒙这个术语在西方的主要语言里一直就是隐喻。当启蒙通过理性的规定而被确定为某种一般的东西,从而摆脱了隐喻,在那里启蒙就走向了终结。福柯认为启蒙必须转化为批判,而"这意谓这种我们自身的历史本体论应当避开一切所谓的总体的和彻底的方案。企图逃避当下的体系以制定出另一种社会、另一种思维方式、另一种文化、另一种世界观的总纲领,这只能导致最危险的传统卷土重来。"①

启蒙转化为批判倘若是可能的,那么关键就在于人们认识到自我批判的中心地位、它的意义和它的深度。从另一个角度来看,关键在于理解什么是启蒙的主体。这是启蒙问题的真正起点。无论在中国的启蒙概念中还是在西方的启蒙概念中,这个问题向来是不甚清楚的。所谓启蒙主体,不是指接受启蒙的主体,而是指驱动和荷负启蒙这个行动本身的自为者。

---

① 福柯:《福柯集》,上海远东出版社,1998 年,第 540 页。

康德的哲学包含一种解答——不过这原本不是专门来回答这个问题的：理性就是人，人就是理性。中国宋朝心学哲学家陆九渊①说，"此心此理，实不容有二。"②这里的心与理是指人的理智与知识。人同此心，心同此理，原来也是中国启蒙的一个信念。但是，心学的枢机乃是王阳明所说的"一念发动处即是行"。

古典启蒙的核心根据与因素乃是理性的普遍性，启蒙是因理性的普遍性而成为一种普遍的活动的。如果理性对于所有的人来说是完全一致的，那么这就承带了如下一个可能性，即启蒙成为独立的精神或理性的一种自主活动，而现实的人却成了理性的工具。这样，一种新的理论困境就应运而生：人运用理性的活动在逻辑上颠倒为人被理性所运用的活动。启蒙主体因此就成了虽然与人有关却在人之外的一种东西。

这种状况还会走向进一步的深化。一旦理性被说成是在支配人的，那么，一个必然的结果就是理性代理人走上启蒙的前台。事实上，这些人总是在走向前台。他或他们必然会要求行使所谓的理性的权力。这样，启蒙就进一步蜕变成为一些人对另一些人的教化。启蒙的主体事实上又回到了人身上，但人却又经历了一次严重的分化。

这个转变就是启蒙主体的转变，启蒙的性质随之发生了根本的蜕变。人的启蒙演变为一种新形式的对人的精神、观念和行动的操纵。且不论这里的理性是否无非就是那些代理者的特殊的精神，还是理性本身，启蒙在这样的情况下至少就成了部分人或者少数人的特权。在这个情况下，启蒙不仅将自身，同时也必定将理性矫拂为特殊性的东西。

---

① 陆九渊（1139—1192）。
② 陆九渊：《全集》卷1《与曾泽之》。

于是，我们看到，那种以普遍理性行事的启蒙在主体问题上就陷入了一个自我消解的困境。理性一旦成为特殊的东西，那么启蒙还会有什么样的意义？

二、混沌之死与批判的行动

让我们再来回顾一下欧洲的经典启蒙运动。前面我说过，启蒙的各种观念对于启蒙时代的西方人来说并不是全新的东西。需要注意的是，在这个判断里面，西方人是被视为一个整体的，而当人们将视野集中在其中的任何一个特定的群体时，情况就显得相当的不同了。文艺复兴对部分意大利人可以说是一种古典文化的复兴，而对欧洲的许多其他群体来说，乃是接受一种全新的文明，甚至是外来文明的过程。这与基督教在欧洲传播的情况是一样的。日耳曼人的基督教化过程同时就是丧失其原有文化的一个过程。因此，无论是基督教，还是文艺复兴，还是启蒙运动，对于像日耳曼或德意志这样的文明体来说，就具有全新的和外在的意义。

在这个过程之中，就如韦伯所说，欧洲社会的发展有其巨大的偶然性。而偶然性原本就事关不同人类群体的不同的、多种发展的可能性。同样，整个世界的变迁原本具有多种可能性，而在今天这种可能性的范围虽然有所收缩，但是人类未来的出路依然不止一个。你可以看到，人类关于理性持有大相径庭的见解，对于历史的目的有着众说纷纭的观点，而不同族类之间的交通依然存在着巨大的鸿沟与障碍。在这样一种局面之下，启蒙无法摆脱其隐喻的状态。

那么在这里，让我们来解析庄子所设计的一个巨大的隐喻，看看它对今天的启蒙思想有什么样的刺激——两千三百多年来它一直吸引并困扰那些理智的头脑。

这个寓言是这么说的："南海之帝为儵，北海之帝为忽，中央之帝为浑沌。儵忽时相与遇于浑沌之地，浑沌待之甚善。儵与忽谋报浑沌之德，曰：'人皆有七窍以视听食息，此独无有，尝试凿之。'日凿一窍，七日而浑沌死。"①

在这里，帝可以被诠释为一种特定的群体、一个特定群体的代表，或者简单的一个与众不同的人，如此等等。

浑沌以自己独特的方式生活在他自己的地方。这个地方对他方的人颇具吸引力。除了其他的原因之外，还因为浑沌善待他的客人，尽管彼此沟通的方式是相当独特的。浑沌独特的实存及交通方式并没有妨碍浑沌成为一个很有德性的人，或者正是由于他的独特存在使他没有将那些人视为客人。这样，无论如何理解，浑沌是一个完全独立的主体，"顺物自然而无容私"②。然而，这正是酿成他惨烈结局的主要原因。

儵与忽的出发点是善良的，这就是以德报德的原则。就如他们深深地感受到了混沌的德性一样，他们也同样深深地感受到浑沌与他们之间的差异。浑沌没有七窍，这种极端的独特性让这两位他者无法忍受。他们要消除这个差异，而差异消除之际，便是浑沌死亡之日。

这个寓言包含许多尖锐的对立。浑沌这个词也具有相当丰富的意义，不过，这里只需指出两点。第一，浑沌这个名词本身就是指一种天地与事物未分化的状态；秩序尚未建立起来，事物与事物之间的区别是不分明的，但这同时也包含了发展的可能性，并且表明未来的发展方向是不确定的。第二，浑沌同时指一种自然的秩

---

① 《庄子·应帝王》。
② 同上。

序,不是人为的,因而也就难以为多数人所理解。

明白了这样一个背景,那么就会理解如下所追问的问题的基本的重要性。

第一,出于善良愿望的一致性要求——甚至不必提及强制——直接是针对另一个或另一类主体的,因为他们以独特的方式存在。这种要求的正当性其来何自?浑沌与儵和忽之间的差异妨碍了他们彼此之间的交往没有?没有。这种差异是否妨碍了他们三人之间的和平共处?他们之间原来不仅和平共处,而且还是相与为善的。庄子的设计把差异性的冲突安排在具有如此关系的双方之间,从而突出两者之间不可调和性的本体意义。

第二,在人类社会中,在有无数的个体作为自为者而实存的世界里,一个主体之所以成为主体,其决定性的东西是什么?当浑沌以自己的方式自主地生活时,对于浑沌之为浑沌而言的核心因素是什么?他的七窍未备以及这个名称所隐含的某种秩序未分明的意义是否妨碍他作为一个自主的实存?这个追问不仅仅与浑沌相关,而且也直接关涉儵与忽。在这个寓言里面,否定浑沌特性的正常性就承带否定他整个的存在:浑沌作为一个自为者的全部存在就系于其七窍的有无。相比之下,在现实的世界里,导致实存如此消灭的特征通常要小而细微得多。

实际上,浑沌七窍的有无并不影响他的自为;在一种类比的意义上,不影响他之作为主体的实存。那么开凿的理由又来自何处?这看起来是一个简单的质问,却可以有无数的答案,而它们又会是相互矛盾、冲突乃至抵消的。

第三,即使浑沌可以改变,并有其改变的充分可能性,他需要向什么方向改变?儵与忽无批判地以自己为浑沌的样板,把自身当作了普遍的和永恒的化身。这里却也正是庄子反讽的深处:瞬间的当下（儵忽）出于有限的善意消灭了恒久的未明（浑沌）。理智的实存者难以容忍的不仅是那些与自己不同的他者，而且还有前景的多种可能性。

无论是中国古典的启蒙观念，还是欧洲现代的启蒙观念，始终把理性矫拂为某种特定的理性主义；而对于后者来说，包含多种可能性的精神原为一片浑沌，因此正是启蒙在其视野之内所要消除的东西，至少要强加给它一个秩序。

第四，这里还有一个经常为人所忽略的问题：为什么儵与忽没有意识到，倘若他们与浑沌之间的差异是需要消除的，那么需要改变的为什么是浑沌，而不是他们自己？一个包容的浑沌最终要由两个不那么包容的儵与忽来开启新的交流的通道，而置于死地。我们可以追问，即使在浑沌愿意让儵与忽来开凿他的七窍的前提下，儵和忽有权利来做此事吗？不过，我这里要放过这个问题，而是追问浑沌对自己的死负有什么样的责任？

在20世纪30年代中期发表的《欧洲科学的危机与先验现象学》中，胡塞尔在极度忧心作为真正规定了人的本性的真理、作为绝对理念的欧洲科学危机之时，向欧洲人强调，他们绝不能沦为像中国或印度这样无非只是经验人类学对象的类型，在胡塞尔看来，中国或印度仅仅在供欧洲人研究以及为欧洲人同化时才有其存在的价值，而同化具有绝对的世界意义。①

在现象学以及在一般哲学领域，胡塞尔是一位伟大的探索者，他的纯粹哲学学说受到许多中国学者的重视和研究。但是，在欧洲文明与中国文明或印度文明的比较这一点上，他实在也是一位伟大的自我反讽的经典人物，极具喜剧的色彩。事实上，我真的希

---

① Husserl, *Die Krise der europaeischen Wissenschaften und die transzendentale Phaeno-menologie*, Hamburg: Felix Meiner Verlag, 1969, S. 16.

望他清楚当时欧洲精神的危机存在于什么地方。他的族类在他表达了这样的观点之后，就经受了最为彻底的欧洲精神的同化，而他为这种彻底同化提供了哲学上的原则。

然而，这里对于每一个人，尤其对于中国人来说，胡塞尔的观点在责任层面是可以放过不论的，就如儵和忽的责任可以暂且放过一样。但是，有一个追问绝不能够回避：对于胡塞尔这样的观点，我们自身负有什么样的责任？而我们自身确实负有责任。启蒙的进程自然包含自我反讽及其事件，包含自我摧残的行动，也包含因同意而被摧残而致消亡的过程。于是，这里当然也就需要提出这样的问题：为什么混沌没有反身自问一下，是否有必要将儵与忽的七窍封闭起来？

面对这些现象，我的问题依然是究竟何者为启蒙的主体？

浑沌的寓言向人们揭示了受害者与施害者之间的多维关系，而胡塞尔的观点向人们揭示了受害者思想与施害者行动之间的吊诡的关系。普遍精神与特殊精神的对立，是欧洲经典启蒙观念的主流。它虽然有浪漫主义的反对者，却依然展现出无可阻挡的势头。另一方面，20 世纪哲学如果有一般结论的话，那就是它无可奈何地承认，人们就理性是什么还远远没有达成一致的意见，并且也尚未探索出达到这种结局的合理途径。尽管这一点并不妨碍在一些具体的事情上面人们已经找到彼此对话，从而达成对话规则的方式。

康德说，启蒙的原则就是要大胆地运用自己的理性；既然理性在人是各不相同的，那么这个原则也就承带如下的结论：人们要大胆地运用的原本是各种不同的理性。显然，这并不是康德自己想要得出的意思，尽管它也是各种可能的结论之中的一个。这样，启蒙在今天依然还是一个隐喻：人们依然不清楚它的确切所指。因此,我们所面临的问题不仅包括探索启蒙的意义而使之成为一个清楚的境域,而且还要保证这样一个境域是开放的,而不是封闭的。

在这样一个境域里,有一点是大致明确的:启蒙既不是一个凌驾于所有人之上的理性的纯粹运动,也不是人类的一个群体对另一个群体、一个族类对另一个族类、一个人对另一个人的教化。每一个个体作为自为者都是启蒙的主体;与此同时,每个主体对于任何另外一个主体都可以是,或者应当是一个批判性的主体。浑沌是一个善良而遵守某种观念的实存,却不是一个批判性的主体。胡塞尔是一个营造的而带有批判性的思想者,却没有意识到批判对于思想主体的普遍意义。

福柯以其犀利的观点,将康德堂皇的启蒙理论拆成了碎片,从这些片断的边缘追问启蒙的意义。不过,康德把启蒙主要看作一种行动的命令,而不单单是理论的结构,而福柯却将它主要误解为一种理论、一种体系。福柯自己所谓的态度、心态和哲学生活,是理论与行动之间的中间物,而这正是他理解自主的主体时的一个盲点。所以他的批判依然是一种封闭性的东西,他的视野总是有意识地局限在他与以前的那段西方的社会—历史。在这里,我必须重申:启蒙的核心在于每一个个人的自主行动。

于是,这里就在另一层意义上又关涉了普遍性。每一个个人都是启蒙的主体,他本身就承荷启蒙和驱动启蒙。对此人们立刻就会意识到:这不就又是一个新的混沌!而胡塞尔式的恐惧也难免再次涌上一些人的心头。尽管这样的恐惧会一再回归,倘若不是永恒的回归的话,这里的普遍性依然不再是绝对理念的席卷,而是每一个自为者以及由他们构成的不同群体之间如何协调的事情。不过,这也不是福柯所说的那种对我们如何生成的过去状况的追思,那种对欧洲启蒙前后的社会—历史的探古访幽,而是直接切入每一个人可以成为什么的未来前景。

这种普遍性不是现成的,它取决于每一个行动的主体的行为,而不论它是包含行为的规则、理解的方式、交流的语言,还是每一个人让自己是其所是的模样。这样,启蒙就真的不是某种确定性的启示之光,而是关于人类各种可能性的探索。如果还愿意借用康德的隐喻,那么,每一个人,作为启蒙的主体,都有可能打开一扇通向不定的未来的可能性之门。

2008 年 4 月 12 日写成于北京魏公村听风阁

韩水法,北京大学哲学系教授,北京大学德国研究中心副主任。

"宽容是人类独有的财富"

——启蒙时代的理性概念和普遍主义

德国科隆大学　安德里亚斯·卡布里茨

　　有一种观念认为世上存在一种人人享有的普遍权利:这既不受个人的生物或者文化特性,也不受个人的社会地位或世界观的干扰;我们因为它具有这种普遍性质而称之为人权。这种观念通常被视为欧洲启蒙运动的一项成果,这种看法不无道理。法国大革命是一个滥觞于启蒙思想的重大历史事件,法国大革命喊出 égalité 即人人平等这一响亮的口号可谓顺理成章。是启蒙运动提出了普遍化的人类观,这几乎已是不争的历史定论。但是在我看来,如果追问启蒙思想产生这一具有普遍人权观念的前提条件何在,其答案似乎就不再那么显而易见了。但这一问题涉及对这种人权论证的方式乃至依据。我的报告旨在对这一问题做一些澄清。

　　如果要解释各类人权的存在及其合法性,似乎用一个现成的概念就可以了。这个概念常常被用作人权的代称——自然法。顾名思义,自然法必定是先于一切在历史进程中诞生的、由约法或者契约所定义的成文法[1]而存

---

[1]　又译为:实证法。

在。自然法的效力并不依赖于任何成文法,恰恰相反,一切成文法都必须以它为圭臬来衡量自身的合法性。也就是说,自然法的概念为人权找到了根植于人类自然天性的根基,而人们生活形式的文化差异则根本不能影响这一天赋权力发挥效力。因此,天赋人权的理论首先就成为人权不可侵犯的保障,这似乎也正好符合启蒙运动的内在逻辑:自然法的概念显然是要告诉人们,我们只需拥有对人类天性的真正洞见,只需与一切偏见和迷信彻底决裂,便能在纯粹理性光芒的照耀下认识到人类的真正特性及其与生俱来的权利。但如果仔细加以推敲,我们就会问:所谓对人类天性的洞见一定能得到这种认识吗?天性,也就是自然赋予的人类生理上的特性,不但完全不能为此提供依据,而且恰恰违背了所谓的人人平等的基本原则。自然将人类分为男人和女人,他们肤色、身材各异,体质有强有弱,有人健康有人残疾——看来人类天然的,也就是生理上的特性并未体现出多少平等,反而更让我们看到了差异,而这种差异性似乎也实在无从为那无差异地适用于所有人的人权提供依据。以自然天性作为法的依据,实际上是非常冒险的行为。强权法则不也可以从所谓的自然天性中引申出来吗?因此,自然法所谓的自然究竟能否保障自然法的效力,这实在大可质疑。自然法的概念试图给人留下这样的印象,即自然法的效力是某种以经验为依据进行检验的结果,在某种程度上也即对人类自然天性真正洞见的逻辑结果。只可惜对天性的观察本身根本不能提供这样的前提。自然法如同其他任何一种律法,都是约法的产物,而这也就是自然法的概念所要竭力掩饰的。自然法概念包含一种把立法的规范性证明为经验性判断结论的尝试,这或许就是自然法效力脆弱的一个症状。

既然人权的基础几乎不可能是对人类天性的真正洞见,那么启蒙思想之中究竟是什么构成了人权成立的依据？思考这个问题，显然应该把理性的原则考虑在内，因为这一原则实际正是启蒙思想的核心。众所周知，启蒙运动以理性的名义对世界进行了阐释，这种阐释服从并且只服从理性的原则，一切真理也因此完全依靠这一原则来甄别。那么，这种作为人类独特标志、让人在所有生物中脱颖而出的理性，全体人类共同享有的理性，难道不能成为某种一般人类学的基础吗？相应的，"理性的动物"对理性的种群式占领难道不足以成为普遍人权成立的依据吗？可是，纵观历史，这样的理性主义根本不会必然导致某种普遍人类学的产生。我们也知道，阐释现实的理性模式并非近现代的新生事物，而得归功于古典时期的希腊哲学。我们不妨看看理性思想的卓越代表的大作，不看别人的，就找大名鼎鼎的亚里士多德。用现代的眼光，我们恐怕要大吃一惊了，因为他对现实的深刻的理性阐释无条件地承认了人与人之间实质性的差别。这首先体现在他对"希腊人"和"野蛮人"所做的区分。亚里士多德认为，野蛮人天生只能做奴隶，而希腊人则是天生的统治者。值得一提的是，在这里正是"天性"决定了差异。由此可见，将人类定义为理性的动物对于找出一种全人类都平等拥有的天性是多么无济于事，亚里士多德说得更为透彻：女人、孩子和野蛮人都不可能达到最高级的美德。这种不可能依然是由天性所决定的。以上这些例子或许足以证明，对于一种普遍的人类学以及由此生发出来的一种人类普遍权利，理性主义自身并不足以成为其产生的必然依据。那么，究竟还需要发生些什么，理性主义还需要经历哪些转折，启蒙运动才能在理性的名义下宣布人类拥有一种自然的，也即不可侵犯的权利呢？

我下面要论述的观点是：正是近代初期"理性"概念所发生的批判性转向，创造了启蒙时代人权观的前提。既然如此，所谓"理

性概念的批判性转向"又指什么？这里，它针对的是哲学史上的
"阿基米德支点"，即笛卡尔和他的著名论断 cogito, ergo sum——
"我思故我在"。这与"理性概念的批判性转向"有何联系？笛卡尔
这一论调可以视作怀疑论的集中体现。对人类论断出的"事实"的
不信任，认为我们对世界的一切认识不过是虚妄，这种怀疑论古已
有之。早在古希腊罗马时期，便已经有许多论述清楚地表明对人
类理性的怀疑。不过这种怀疑始终限于"物"的特性本身。这种疑
虑在于：我们无法以适当的方式认识和确定事物的"质"。笛卡尔
将怀疑论推向极致，即物本身是否存在也是需要怀疑的。正如他
所质疑的，我们如何能肯定某个事物的存在不是我们虚构出来的，
怎么能肯定认定某个事物的存在不只是我们的幻觉所致？笛卡尔
不遗余力地用批判理性拷问我们知识和认识的一切来源，目的是
最终在思维的自反性中获得确定性。Je pense, donc je suis：我思故
我在：存在只有在理性针对自身的批判性转向中才可以得到论证。
但这样一来，哲学的核心追求也就是对存在的认识便依赖于对思
维的理性批判。我把这称之为理性在近代伊始出现的批判性转
向。从此以后，思想在很大程度上就是批判，思想会彻底质疑那些
既有的有效性要求。

因而，启蒙运动一直都是非常深入的"批判理论"，而且并非始
于那些认识到启蒙辩证法的人。众所周知，这种对既有的有效性
要求的极端怀疑首先把矛头指向了宗教，尤其是基督教教义。理
性的批判性转向使得思想成为一种对真实性的检验，我认为，这种
检验批判也为以权力为基础的普遍主义的产生奠定了基础。由此
看来，人权普遍性的产生不是自然天性的实证特征决定的，而是因
为对人性的判断缺乏足够的依据。从逻辑上讲，人权观念并非作
为积极论断，某种程度上反而是作为消极论断出现的。人权观的

产生,是因为探索人的天性的各种努力存在缺陷。因此,人权的核心自然而然地也就成为对自由的保障。自由本质上就是放弃界定概念,就是避免规定人类的天性。

为佐证我的观点,我想引用一篇集启蒙思想之大成的文章。该文出自狄德罗和达朗贝尔等人在 1752 至 1770 年间编辑的《百科全书》(后有所增补,直至 1780 年)。这是一本囊括科学、艺术、手工业知识的大型系统辞书,旨在总结和展现迄今为止"光明世纪"对人类认知状况进行的梳理。确切地说,我想对《百科全书》的一个词条进行细致的探讨,因为它阐述的是启蒙运动的核心概念——宽容。其核心思想应可佐证我的观点:由于对人性的判定缺乏有效性,普遍人权才有了论证的前提。我的报告题目"La tolérance est l'apanage de l'humanité"清楚地表明了"宽容"这一概念的含义。该题目引自伏尔泰的同名辞书,其意义很难简单地用德语翻译出来。法语词 humanité 的双重含义使"宽容"一词也具有了两层意思:宽容既是人类的天赋,也是人道的集中体现。"宽容"这个概念意味着什么呢?如果翻开当代最权威的哲学百科全书之一《哲学历史大辞典》,我们就能从相关词条的开头找到如下定义:宽容是对那些出于道德或其他原因遭到否定的人、行为和思想的容忍。或许将宽容的对象说成是"道德和其他原因"的对立面并不恰当,因为提起"宽容",我们不仅会想到容忍令人厌恶的事,还会想到容忍错误。宽容不仅与道德有关,也与真实有关;宽容一词跟不同宗教信仰者的关联也许要大于跟吸烟者的关联。我们所引述的定义主要是在描述一个宽容者的态度。

对宽容的概念上界定可以更严谨一些。宽容的思想核心在于放弃有效性要求。宽容与权力相联系,同样也与真实密不可分。就论证宽容的诸多可能性而言,这样的严谨区分并非无足轻重。

宽容的依据可能与权力有关,也可能与真实性有关;可以是功能性的,也可能是认知上的。初看起来,这一区分像是德国大学教授自认为可以用来理顺世界秩序那种概念辨析。但事实证明,这种区分不止是单纯的逻辑学空想。从历史的角度看,这种区分非常重要,因为它让我们启蒙宽容概念的特殊轮廓。宽容不是启蒙时代的发明,人们早就有了宽容概念。也许有人不相信,可即便在中世纪人们也有宽容的概念。经院派哲学家将宽容定义为"有限度的许可"。也就是说,有些事情尽管是错误的或者不善的,但依然允许其存在,因为执意推行"真理"会造成后果或者说"间接伤害",这将导致更为糟糕的结果。这里所说的宽容依据是纯功能性的,主要考虑到为推行真理而运用权力将产生的后果。我们将看到,启蒙运动时期的宽容概念与之相反,其历史特性就在于它的依据是认知性的。

我自己动手对《百科全书》的宽容词条进行了翻译。该词条一开头写到:"一般而言,宽容是每一个注定要与同类共同生活的弱小存在的美德。理智使人如此的伟大,谬误和激情又让人如此的狭隘,所以永远需要劝人宽容和谅解,人们需要宽容和谅解,没有宽容和谅解,人世间只有骚乱和争执。"该词条开篇就把宽容定义为弱小的表现形式,这在我们这个时代非同寻常。但事实上该词条诉诸在法国大革命以前起决定性作用的,说到底就是把美德和强大融为一体的贵族道德准则。由此,为实现宽容而必须跨越的所谓门槛就更为明显。

同样值得注意的,是《百科全书》的宽容词条随后进行的阐述,因为它将归功于理性的人性高贵与同样源于理性的人性弱点即出现谬见的可能直接进行比照。人们毫不犹豫地把理性的缺陷变成了坚持宽容的理由。我再次引用百科全书的宽容词条:"我通过一个简单的想法来接近我们的目标",作者写道,"这个想法有助于我们坚持宽容,因为它告诉人们,我们的理智没有精确的、可以确定的标准:所以,在一个人眼里清清楚楚的事物,在另一个人看来却往往是捉摸不透的;正如人们所知,清晰只是一种相对的特性。"这里对人类理性能力所做的批评很值得我们关注,因为它把谬误宣布为不可避免的事情。这种观点在随后对各种"推理"进行的分析中得到了证实:"我们的确拥有能够让人们能很快达成一致的普遍公理。但是思维的基本原则寥寥无几,由此推导出的结论越是远离这些原则,就越是缺乏明晰性;这就像水流,离发源地越远,水就越混浊。"这是又一种"启蒙辩证法",它与自诩为"批判理论"的理论家所发现的"启蒙辩证法"截然不同。诚然,对理性的绝对信仰会产生盲点,启蒙思想会因为这些盲点而具有专制特征,这是无可辩驳的,但是我们同样清楚地看到,对理性缺陷的批判性意识确立了人性的高贵。如果启蒙理性在很大程度上作为一种批判机制出现,我们就从理性概念中得出了应有的结论。要求人们不断对所有的有效性要求进行批判,将最终导致对理性的分析,这种分析将把有可能出现谬误视为理性最固有的特征之一。正是对批判理性的怀疑性洞见成为奠立人权普遍秩序的摇篮。这一秩序诞生于对每一种人性定义的理性依据所持的保留态度,所以它在保证自由、保障自决中间找到摆脱困境的出路。这一解决方案的最终结果就是搁置原则,避免各种生活方式陷入孰真孰假的争执。

人类平等的想法并非启蒙时代的发明。很久以前,这一思想就在对造物主的信仰中建立了最牢固的堡垒,因为上帝按照自己的模样创造了所有的人。正是理性论证了人神同形和随之产生的本质上的平等,因为神学把人拥有理性这一事实理解为人人平等的基础。由此看来,生活方式的所有差别都只是局部的、偶然的,对人性而言无关紧要的。当然,如果人们不承认他们有义务承认的事物,人类平等在一定程度上就无法实现。换言之,上帝的受造物要成为上帝的儿女、获得上帝的福祉,就必须信仰创造他们的上帝。因此,上帝造物的平等不只是一个既定事实,它还是一种机遇,它揭示了实现神的要求的可能性。这在《约翰福音》的第一章里面表述得一清二楚:"他到自己的地方来,自己的人倒不接待他。凡接待他的,他就赐他们权柄,作神的儿女。"所以说,创造物之间的平等只是一种前提,使人们有可能作为创造物被上帝所接受——上帝通过其恩宠向人类敞开一种可能性,人类的救赎则与自身行为息息相关。在我看来,启蒙的人权观从根本上改变了既成事实和机遇的关系。启蒙并未确立一种人人拥有的、由创世行动决定的人性,而是赋予人决定各自生活方式的权利。由于这种可能性被书面确定为权利,所以它并非来源于自然的发现,而是源于规定。这一设想惊人的成功之处,就在于让同一性和相异性共存。因为权利的平等和生活条件、生活环境的多样化并行不悖。所以,人权在本质上就是自行决定的自由。但是我们不能因为陶醉于自由观而忽视自由观的根深蒂固的怀疑论基础。对人权的定义在很大程度上源于人们质疑存在真实的、存在唯一乃至正确的生活方式。这是人权定义的强项,也是其弱项。正是这种怀疑任何一种生活方式的态度成为启蒙时代宽容思想的特殊标志,同时也赋予它一种核心地位,使之成为人道主义的集中体现。伏尔泰是怎么说的? 宽容是人类独有的财富。(La tolérance est l'apanage de l'humanité.)

(文史哲、赵雅晶、陈 维 译,黄燎宇 校)

安德里亚斯·卡布里茨,现任彼得拉克研究会会长,《罗曼文学年鉴》编委以及弗里茨-莱森基金会学术委员会成员。

中国，启蒙何用？[①]

北京大学外国语学院德语系　　黄燎宇

尊敬的莎琬部长，

尊敬的施明贤大使，

尊敬的陈校长，

女士们，先生们：

　　九十年前爆发的五四运动敲响了开启现代中国启蒙运动的钟声。如果我们假定中国人在这九十年的经历与欧洲人在他们的"启蒙世纪"所接受的精神洗礼类似，我们就必须马上补充一点：欧洲人在回眸自己的启蒙时代的时候，非常地骄傲，而且有着明确认识，而我们中国人在回顾自身的思想解放运动时还面临许多悬而未决的东西，还面临许多的问题和矛盾，尽管我们对自己的启蒙历史总体上是一种肯定态度。讨论现代中国启蒙运动的时候，我们常常提出譬如下面这些问题：现代中国的启蒙历史已经结束了吗？现代中国的启蒙运动如何分期？它对我们的利弊是什么？有必要来新一轮启蒙运动吗？本人在思考中国启蒙历史的时候，特别关心这样一个问题：这

---

① 本文译自德文，是 2008 年 4 月 15 日在北京大学英杰交流中心举行的"启蒙问题学术报告会"上的演讲稿。这次报告会是由前来北大德国研究中心访问的德国科教部部长安娜特·莎琬女士倡议并发起的。

场历时九十年，几乎完全靠欧洲进口的精神食粮哺育的启蒙运动对恪守儒道的中国人产生了何种影响，外国人——身为文化使者不得不随时注意到他者的眼光——又怎么看启蒙之后的中国人。回答这个问题之前，我要说明两点：第一，涉及如何给中国启蒙历史分期的时候，我完全采纳我非常敬佩的同事、刚刚发表了演讲的韩水法教授的三个阶段的理论①。韩教授把五四运动以来的中国启蒙历史分为三个阶段，一是五四运动掀起的启蒙运动，二是中华人民共和国成立之后进行的马列主义启蒙（我称之为体制化的马列主义启蒙），三是随着改革开放开始的后马列主义启蒙。第二，由于我们还置身第三个启蒙时期，由于我们缺乏使我们得以评估其后果和影响的时间距离，所以我集中谈前面两个阶段。

女士们、先生们，我是搞德国文学的，也是托马斯·曼的崇拜者。请允许我先谈谈《魔山》。在一个关于启蒙运动的讨论会上提到这本小说，其实一点不离谱。这本书细致入微地、引人入胜地描写了古典启蒙思想在即将结束的资产阶级时代的命运，描写了启蒙思想腹背受敌的遭遇——它一方面要对付老对手，一方面要迎击新对手。最近我在重读《魔山》的时候特别关注这场斗争，所以我注意到一个很少有人关注的次要人物。我说的是丁富博士。在人数众多、人种多样的托马斯·曼艺术世界中，他是唯一的中国人。由于这个人物形象只具有边缘化的文本批评意义，所以德国本土的德语文学研究者很难对他产生兴趣，另一方面，由于塞腾布里尼从启蒙主义者的立场出发，对亚洲和无为哲学进行了连篇累牍的抨击，对他的欧洲同胞发出了一连串的警告，所以很容易让那些苦苦寻觅"中国关联"的中国德语文学研究者转移视线，最终轻视乃至漠视丁富博士。丁富博士之所以给我留下深刻印象，是因

---

① 韩水法教授在一篇尚未发表的文章里对此进行了阐述。

为在小说倒数第三章描写的招魂术实验中,这个喜欢窃笑的、滑稽的中国人证明自己是一个冷静的、哪怕不够虔敬的人,是因为他当时起到了煞风景的作用。他不仅猜测令人敬畏的幽灵霍尔格是小偷并且说出自己的猜测;他不仅嘲笑霍尔格爱慕虚荣(他的话不是没有道理),而且,当参加招魂实验的众人因为灯光被一只神秘的手关掉而惊恐万状的时候,只有他保持着正常思维,只有他想到开灯,随后"让光辉洒满了整个房间"①,也撵走了鬼魂。这样,作为招魂实验的参与者,丁富博士就和帕拉范特检察官形成了鲜明的对比,因为帕拉范特检察官吃了"来自超验世界的一记重重的耳光",却以快活的科学态度接受下来。但正如叙述者向读者保证的,假设这记耳光来自生命世界,这位性格暴躁的司法界人士肯定会做出完全不同的反应。② 另一方面,丁富博士对光明的信任则使人联想到塞腾布里尼。而塞腾布里尼的启蒙主义者本色在夜访因病卧床的汉斯·卡斯托尔普那一幕表现得最清楚,因为他刚刚走到门槛的位置就伸手按亮了电灯……③

女士们、先生们! 我做一趟《魔山》之旅,不是为了对一个德国作家表示我的钦佩之情。尽管这位作家对中国文化毫无兴趣——他的态度跟赫尔曼·黑塞和阿尔弗雷德·德布林这些同行相比的时候尤其扎眼,尽管他喜欢用颇有争议的浮光掠影式的主导动机来打发他笔下的次要人物,但是他却塑造了一个在我看来不无典型意义的中国人形象。我一方面让丁富博士跟在超验世界飘飘欲仙的帕拉范特检察官形成对比,另一方面则拉近他和喜爱光明的塞腾布里尼的距离。我这么做,不是为了美化托马斯·曼给我们

---

① 托马斯·曼:《魔山》,法兰克福版详注本,米夏埃尔·诺依曼编校,文本第1003—1005页。
② 同上书,第1013页。
③ 同上书,第293页。

虚构出来的中国同胞。我这么做,是想提醒大家注意两点:第一,在19、20世纪之交存在这样一种典型的中国人形象;第二,我们中国人跟欧洲启蒙思想世界的关系可能很微妙。为什么说微妙?

女士们、先生们!我相信,我下面想说的话不会遭遇众人的反对。我要说的是,我们中国人的世界是一个内在的世界,或者说是一个没有超验的世界,我们中国人跟超验世界的关系天生不太好,或者说天生没关系。这个公开的秘密是欧洲人发现的,他们发现这是中国思想乃至中国文化的本质特征。这一发现让他们感到的诧异和蔑视多于敬重和敬佩。在此,我必须提到黑格尔。因为黑格尔看不起中国人的脚踏实地,他对中国文化的蔑视性言论造成了广泛的影响。譬如他在《历史哲学》中对中国民族性格所下的严酷判决①给我们中国人造成了类似脑震荡的精神创伤,敏感的人根本无法从这场打击之中恢复过来。最令我们刻骨铭心的,是黑格尔对中国人的哲学无能所作的诊断。黑格尔不相信中国人有从事精神远足和精神升空的能力,也不相信中国人有这种意愿。对中国人持哲学怀疑态度的黑格尔,过去不孤单,现在也不孤单。目睹这一现象,我们感到忐忑不安。是否需要给中国哲学打引号?这个问题属于西方汉学界的首要问题,也是其终极问题,所以至今也没有失去其现实意义②。

有一点是我们中国人在关起门来议论的时候也必须承认的:接触过西方哲学的人,多多少少会理解以儒学为主要特征的中国哲学乃至中国文化为何令西方人感到不适。的确,我们的哲学或者说打引号的哲学的本质特征,在于剥离经验世界、脱离经验世界

---

① 黑格尔:《历史哲学》(王造时译),上海:上海世纪出版集团,2001年,第117页。
② 沃尔夫冈·鲍尔的《中国哲学史》(汉斯·封·埃斯编)的编者前言和第一章第一节("术语"),慕尼黑:贝克出版社,2006年。

的事物的稀罕或者说缺席。中国哲学让人若有所失,在中国哲学的土地上,前不见死亡和魔鬼,后不见理念论和意志的形而上学,也不存在一块指示牌提醒物自体在何方。许许多多的中国人都恨不得举手赞成西方人在哲学上对我们持严厉态度。事实上已经有中国哲学家未能抵挡这种诱惑。没错,人们怎么可能在一个没有内心性和超验性的世界里面,怎么可能在一个没有死亡和魔鬼的世界里面进行哲学思考?譬如,叔本华把死亡称为赐予哲学灵感的守护神或者说恩主①,可是这位死神在中国思维殿堂的大门之外徘徊了几千年也未获准入。在中国哲学的门前竖立起"死神不得入内"告示牌的那个人,可不是一般人,而是我们的孔夫子。孔夫子下死神禁令的理由是:"未知生,焉知死"。换句话说,孔夫子给中国的思想家们带了个头,从此以后,只有存在和发生在生活中、只有在大地之上的一切才可能进入中国思想家们的思考范围。就是说,孔夫子开辟了一个传统,这一传统使我们中国人变成了有时让欧洲人摇头叹息的那种类型。在欧洲人看来,我们过分看重经验、实效、伦理,我们是过分的实用主义者、唯物主义者、无神论者⋯⋯

　　女士们、先生们!不管欧洲人觉得中国人的气质或者说儒家气质多么生疏,多么奇怪,中国传统的一些基本特征与包括平等、宽容、实践理性、面向此岸在内的欧洲启蒙思想的基本价值还是非常接近的。在此我给大家列举中国历史的几个"启蒙思想"特征:第一,中国自古以来就是一个开放而非等级森严的社会。在欧洲,一个聪明的、因为考试成绩突出而成为皇帝女婿的农家子弟,最多可能出现在一则童话里;在中华帝国,这是活生生的现实体验。

---

　　① 叔本华:《作为意志和表象的世界》(罗尔夫·托曼编),第二卷·第二分卷,科隆:克内曼出版社,1997年,第614页。

"朝为田舍郎,暮登天子堂;将相本无种,男儿当自强"①——这脍炙
人口、家喻户晓、洋溢着平等和乐观精神的诗句激励着一代又一代
的中国贫苦少年发愤图强,勤奋读书。第二,对于中国人,宗教宽
容是一件不言而喻的事情。我们是一个远离上帝或者说没有上帝
的民族,我们对宗教的冷漠态度使我们包容各种各样的宗教信仰。
在这个历史悠久的国家里,宗教迫害几乎没有过,无论道教徒还是
佛教徒,无论信宗教的,还是搞迷信的,都没有因为宗教原因而遭
受迫害②。况且跟道教和佛教世界保持良好关系或者有点迷信的
儒家人士也不在少数。三位一体的奇迹是儒家身上的一个令人着
迷、也令人困惑的现象。第三,中国思想家们的全部心思都用在一
个目标上面,那就是建立一个幸福的、和谐的、秩序井然的社会。

　　女士们、先生们! 我不知道你们此时此刻脑子里想的是什么。
在勾勒这幅恪守儒道的中国人肖像的时候,我的眼前却浮现出古
典的欧洲启蒙者形象。我甚至担心,《魔山》所戏仿的启蒙批判可
以用来批判中国文化。因为夹在启蒙主义者塞腾布里尼和反启蒙
主义者纳弗塔之间的汉斯·卡斯托尔普用下述说法表达了他对前
者的不满:"狭隘,伦理说教,缺乏宗教思想。"③纳弗塔对启蒙思想
的概括更是言简意赅:"着眼于生活的资产阶级特性。"④

　　女士们、先生们! 我引用着眼于生活的资产阶级特性这一概
念,是想提醒大家注意一个事实:儒家世界和启蒙世界令人吃惊的
相似性,其实根源于儒家文化的主体——士大夫阶层——和欧洲
启蒙思想的主体——资产阶级——在精神上高度亲近。面向此岸

---

　　① 李宗为校注讲析:《千家诗 神童诗 续神童诗》,上海:上海古籍出版社,1993 年,
第 309 页。
　　② 西方汉学界也认为发生在 845 年的"灭佛"应归咎于经济动机。见莱芒·道逊
著:《中华帝国的文明》(金星男译、朱宪伦校),上海:上海古籍出版社,1994 年,第六章。
　　③ 托马斯·曼:《魔山》,同上书,第 747 页。
　　④ 同上书,第 699 页。

的生活观不是联结中国士大夫阶层和欧洲特别是德国资产阶级的唯一精神纽带。二者在生活态度、生活方式以及行为规范方面都有相似之处。令人惊讶的是，尤尔根·科卡所总结的德国资产阶级的特征多半可以用到士大夫阶层身上。譬如：推崇文化和业绩，追求社会地位和政治影响力，做事持之以恒，倾向于理性的、有条不紊的生活方式，不喜形于色，守纪律，有家庭观念，崇尚高雅文化（德国资产阶级时常进出于剧院、音乐厅、博物馆，中国士大夫阶层都要写诗、画画、练书法），讲究待人接物。① 从这个意义上讲，我们完全可以说中国的士大夫阶层已经处在欧洲人所理解的启蒙精神状态。

女士们、先生们！我推测你们中间有些人已经在暗地里问：恪守儒道的中国人——这种人还有吗？这也是一个我们常常拿来问自己的问题。因为现代中国的启蒙历史，就是一部去儒化的历史，我们有时恍惚觉得恪守儒道的中国人在大陆已经不复存在，觉得我们充其量能够在我们的宝岛台湾找到这种人。现在我们就说一说恪守儒道的中国人。我不想探寻恪守儒道的中国人现在身处何方，我只想简单回顾一下他在现代中国的启蒙进程中受到哪些西方思想的影响。

在现代中国启蒙运动开始之前，恪守儒道的中国人是单纯的社会存在，纯粹生活在社会关系的网络之中。启蒙运动使他有了个性概念，有了独立运用理性的概念。不服从国家或者父母，在儒家传统中等于犯罪，所以这种现象在旧时代的中国属于例外。自五四运动以后，他鼓起勇气不服从父母和家庭，也鼓起勇气抗拒其他外在权威。恪守儒道的中国人第一次以个人主义者的形象，以

---

① 尤尔根·科卡：《19世纪的资产阶级·第一卷：欧洲的统一性和多样性》。哥廷根：范登勒克和鲁普雷希特出版社，1995年，第17—19页。

叛逆和斗士的形象出现在人生舞台和历史舞台。

随着自我意识的苏醒,恪守儒道的中国人有了批判态度和批判能力。这位新诞生的批评家做的第一件事情,就是极端的自我批判。这种自我批判近于自我仇视,自我否定,自我毁灭。18世纪的欧洲人怎样看教会信条和专制主义,20世纪头20年中国人就怎样看儒家教义。只不过后者在扔掉他恨之入骨的传统镣铐时带有更多的怒火,用了更大的力气。"打倒孔家店!""全盘西化!"——这都是五四期间喊得最为响亮的口号。全盘西化的意志一度如此强烈,以致那些想把汉字拉丁化的人也喊出了自己的心愿。民族虚无主义使恪守儒道的中国人的启蒙面相中有了悲喜剧特征。

儒教遭遇了偶像的黄昏,随之而来的是新一轮的个人崇拜,这新的崇拜对象是两位来自西方的先生。一个叫德先生,德谟克拉西的德,一个叫赛先生,赛因斯的赛。他们是新的圣人,被视为中国的救星。这两个人谁帮忙帮得多的问题,谁接受了更多的敬意的问题,都可以存而不论。

崇拜起赛先生之后,恪守儒道的中国人就不再诗意地对待自然。他发现自己有必要去认识和服从自然的规律;与此同时,他感到一种前所未有的渴望,一种浮士德式的征服自然和控制自然的渴望。天人合一的儒家理想随之落入遗忘之境。面对令人不安的环境问题,人们对于这一观念转变越来越持否定态度。

恪守儒道的中国人的启蒙过程一方面始于民族屈辱和民族反抗这一历史背景,另一方面则受到民族复兴的意志的影响。他在西方人面前表现出谦虚和好学,是因为他牢记一条古老的中国智慧:强者有理。由于历史背景不同,接受的前提不同,中国启蒙思想家所使用的思想武器比欧洲古典启蒙思想家所使用的思想武器更先进,更厉害。为现代中国启蒙运动服务的,不仅有法国大百科全书派和18世纪的其他欧洲思想家，而且有在19世纪的欧洲继续推进启蒙项目的思想家。引人注目的是，五四时期的中国启蒙思想家尤其钟爱19世纪欧洲伟大的批判家、揭露者、思想颠覆者，如达尔文，如马克思，如尼采。

在五四运动时期就与其他欧洲思潮一道进入中国的马克思主义，在中华人民共和国成立以后被提升为国家哲学。马克思主义启蒙运动随之展开。这场运动旗帜鲜明地反对封建主义和资本主义，去儒化和资本主义批判便成为其教育重点。这场延续近三十年的思想政治解放运动不无成效。这一点人们在事情过后——在中国对外开放和实行社会主义市场经济之后——看得更清楚。譬如，越来越多的人为国学素养和儒雅风度的消失而惆怅。表现儒家传统家庭关系的韩国和中国台湾地区的电视剧在我们大陆走红，就是因为我们有这种怀旧心理，有这种寻根冲动。另一方面，如果仔细观察，我们就会发现恪守儒道的中国人没有灭绝，我们会发现他的唯物主义基本特征不仅没有被马克思主义的启蒙运动削弱或者扬弃，反而得到强化和细化。首先，历史唯物主义让他有了历史发展的概念。他从中明白许多道理，他现在知道历史是按照自身的、不以人的意志——更不用说个人的意志——为转移的规律发展的，知道历史的车轮是不可逆转的，他还知道观察历史进程的时候要排除感伤情绪和道德激愤。其次，马克思主义对社会存在和社会意识、经济基础和上层建筑之间的欺骗性关系的揭露擦亮了他的眼睛，使他看到无论个人还是社会组织还是国家的思想、言论和行动都受意志主宰。在这双擦亮的眼睛的注视之下，理智越来越频繁地露出了原形，让人看出它无非是意志的乖巧女仆。第三，马克思主义对宗教的批判，把宗教称为麻痹人民的鸦片的马克思主义理论，使他离上帝越来越远。"文革"期间出现了一种对于中国民族性格来说很不典型的宗教仇恨,这种仇恨导致了毁坏圣像和破坏寺庙的野蛮行径。对于这一现象,我们有必要找找它的来龙去脉,看它是否一方面源于对迷信的仇恨,因为五四以后我们那些具有启蒙思想的作家们都在他们的作品中描写迷信的可怕后果——鲁迅就是很好的例子;另一方面,我们也要想想这是否与我们惨痛的历史记忆有关——譬如说鸦片战争。不过在我看来,我们国家从马克思主义中得到的最大收获,是马克思主义经典作家对资本主义的批判。他们的批判使我们对一度以为被跨越被克服、但最终还是要来临的东西做好了思想准备:资本主义精神和资本主义实践。在毛泽东时代,人们生活在一个封闭的、没有剥削和压迫的社会主义国家,人们当然不知道当时欧洲和美国的工厂是什么情形,所以人们在抽象的云雾中接受马克思主义对资本主义的批判。当时的中国人读到《资本论》的名言——"资本来到人间,从头到脚,每一个毛孔都滴着血和肮脏的东西"①的时候,更多的是佩服马克思的文学和修辞天赋而非他锐利的社会批判眼光;今天的中国人读到这个句子,其感受自然有所不同。今天人们总算看到了,总算明白了什么叫曼彻斯特资本主义或者说早期资本主义,什么叫阶级、阶级意识、阶级斗争;人们也更能理解马克思、恩格斯为什么义愤填膺地诅咒金钱的罪恶。

女士们、先生们! 马克思主义对资本主义的批判没有让恪守儒道的中国人与资本主义产生隔阂,更没有导致他与资本主义格格不入。相反,他在社会主义市场经济的框架内,在二三十年的时间里创造出惊人的经济成就,有着几百年历史的资本主义旧世界也不得不对他刮目相看。这一现象需要解释,但是这也不难解释。我们今天生活在一个天涯若比邻的世界,这是一个已经祛魅和祛

---

① 《马克思恩格斯全集》,第 44 卷,北京:人民出版社,2001 年,第 829 页。

除神秘因素的世界，一个已经世俗化和散文化的世界，一言以蔽
之，这是一个为市场经济创造的世界。对资本主义运作略知一二
的人，都会明白为什么恪守儒道的中国人在这个世界里如鱼得水。
原因很简单：他面向此岸，脚踏实地，而且有一种枯燥的散文思维
方式。今天，恪守儒道的中国人对自己满意，对世界也很满意。对
于他，心满意足是一种久违的感觉。这既是物质的满足，也是精神
的满足。然而，世界却对他不太满意。这使他颇为烦恼。来自西
方的批评和质问使他陷入迷茫和困惑。这些批评和质问一天多过
一天，一天比一天尖锐，与此同时，他的不解和疑惑也日益增多。
他一方面相信自己不管现在还是将来都不会损害自己的全球合作
伙伴的利益，他相信自己通过社会主义市场经济的成功实践营造
出很多双赢的局面，他相信自己的国家已经高度融入经济全球化
的体系。这些都已得到证明，而最好的证据就是中国对外资的吸
引力，就是"中国制造"在西方越来越打眼这一事实。另一方面，恪
守儒道的中国人知道当今的世界是欧洲启蒙运动的创世杰作——
如果这个有宗教内涵的词用在这里不太恰当，我们就说这个世界
是欧洲启蒙运动铸造而成的。恪守儒道的中国人还知道，只要他
继续面向此岸，只要他保持枯燥的散文理智并且坚持平等互利的
原则，他的生活和工作就会散发出启蒙精神的光芒。如果说他对
进步和未来的信仰有些超出古典启蒙思想家的平均水准，那是他
接受辩证唯物主义和历史唯物主义启蒙的结果。他深信经济基础
决定上层建筑，深信经济的高速发展可以或者说必然要带来文明
的进步、政治的进步、道德的进步。

女士们、先生们！目前来自西方的批评如冰雹一般砸向恪守
儒道的中国人。这些批评既来自理想主义和唯心主义者的阵营，
也来自物质主义和唯物主义者的阵营。物质主义和唯物主义者试

图通过质疑富裕社会是否可以全球化来劝说他放弃追求幸福的决定[①]。听到这样的劝说，恪守儒道的中国人完全摸不着门道，因为他过去没有问过、将来也不会问这样一个问题：有别人，还有你吗？别人过上了好日子，你还能过好日子吗？在中国，这样的问题最多可能来自一个很不典型的思想家——譬如荀子。而荀子就是中国的托马斯·霍布斯，因为他跟霍布斯一样相信人性本恶，相信"人对人就像狼对狼"。可是荀子的声音在孔夫子的国度却很少有人倾听。另一方面，西方的理想主义和唯心主义者则继续控诉恪守儒道的中国人太缺乏宗教思想，太物质主义和唯物主义[②]。

女士们、先生们！恪守儒道的中国人好学，有接受能力，而且讲究和为贵。可是，当他读到来自西方世界的大量批评和抱怨的时候，他苦苦思索也想不明白人们究竟想让他做什么。他甚至不清楚自己为何讨人嫌。是因为自己欠缺启蒙还是因为自己过度启蒙？恪守儒道的中国人，怎么办？他怎样做才对自己好，才能对别人好？难道他从行动的世界，从充满生活乐趣的、热爱进步的启蒙世界撤到无为的道教世界或者断念的佛教世界就好了吗？这样人们就会对他满意了吗？

但愿中国的第三次启蒙运动能够帮助我们找到一个令人满意

---

① 德国的全球化问题专家哈拉尔德·舒曼在 2008 年 4 月 6 日的《每日镜报》中写道："中国的崛起从根本上对迄今为止的世界秩序提出了质疑。全球百分之九十的消费者都生活在老工业国，他们只占世界人口的五分之一，但消耗着四分之三的地球资源。现在有十三亿中国人，也就是又有五分之一的世界人口准备过我们这样的生活。而且还有十亿生活在门槛国的人把中国视为榜样。有一点人们看得越来越清楚：富裕社会的模式是不可以全球化的，因为我们这个星球的石油储备和生态能力都不足以让富裕模式全球化。"

② 德国中国研究协会会长、汉学家施寒微在一篇题为《反对分裂主义和质疑中国的主权》的文章中认为当前西方媒体对中国的指责跟欧洲人对中国人的无神论态度有关。该文不久将发表于德国《华商报》。

的答案。

　　谢谢大家!

黄燎宇,北京大学外国语
学院德语系教授,德语系
系主任,北京大学德国研
究中心副主任。

启蒙与宗教

德国图宾根大学　奥特弗里德·赫费

一

　　康德表述的石刻一般的启蒙原则,不仅建立了人与自然、人与社会的关联,也建立了人与自身的关系。它同时涉及人与宗教、人与上帝的关系。我将分四个步骤阐述这一系统的思想:首先我要让大家看到启蒙如何既为宗教减轻负担,又对宗教形成挑战;其次,我将介绍两种宗教启蒙的基本模型;再者,我将从哲学的视角考察宗教文本;最后以经验实例概括当今的宗教局势。

　　首先谈谈释重和挑战:通过"运用自己理性"的勇气,人发现了自身,也把自己发展成为对自我承担责任的人。人对自己的认知、行动、政治负责,作为具有稳定人格的人,他与所有权威对峙,当然也包括宗教言论和机构。这个人格依照自己的良知行事,恪守自然道德,而非听命于宗教道德。

　　在那本被叔本华视为"欧洲历史上最重要的书"即《纯粹理性批判》中,康德重新给出了原则(A xi):"我们的时代是真正的批判时代,一切都必须经受批判。通常宗教凭借其神圣性,而立法凭借其权威,想要逃脱批判。但是这样一来,他们就激起了对自身的正当的怀疑,并无法要求别人不加伪饰的敬重,理性只会把这种敬重给予那经受得住它自由而公开的检验的事物。"①

公开检验的结果绝非只有否定。启蒙不会在宗教机构面前放弃自我意识,但这并不导致对宗教和教会产生全面的甚至是不分青红皂白的敌意。德国启蒙之王莱布尼茨写过一本著名的《神正论》,以证明"上帝之善"。尽管康德摈弃一切有关上帝存在的理论证明,他的三大批判却在一种立足于道德神学的道德哲学中登峰造极。他最重要的一本著作的标题就是《纯粹理性范围内的宗教》。最后费希特又想在《试评一切天启》中证明宗教启示合乎理性。

无论来自何种文化,每一个人都面临对自己承担责任的任务。启蒙并不具有欧洲中心主义,而是具有普遍主义的特征。这既给宗教减轻了负担,也给宗教带来了挑战。宗教之所以减轻负担,是因为启蒙并不属于特定文化和特定的时代。由于这个原因,由于启蒙具有跨越文化和历史时期的意义,长此以往,宗教很难回避启蒙,这正是挑战所在。我先谈启蒙的跨文化意义,然后谈启蒙的持久挑战,谈我在"开场白"中定义为开放过程的启蒙。

二

为了消除启蒙属于近代欧洲这一流传甚广的误解,我想提醒大家回忆另外四个启蒙的案例。"开场白"中提的荀子就是一个例子。四个案例代表了两种互补的基本模式。

---

① 此处引用邓晓芒译:《纯粹理性批判》,北京:人民出版社,2004 年。

第一个例子和第一个基本模式就是从宗教外部对宗教展开的批判。已然自治的理性有权力，要求在其理性基础上检验宗教及其上帝观念。在古希腊神话中，彩虹是名叫艾丽斯的女神现身。色诺芬尼①，苏格拉底之前的一位哲学家，就为了逻各斯而告别了神话，因为他以自然的解释取代了神话："被称作艾丽丝女神的彩虹不过是一片紫橙黄绿的云朵。"

在揭露荷马和赫西奥德的作品中那些众所周知的神祇不具神性的时候，色诺芬尼变得更加尖刻："埃塞俄比亚人声称，他们的神祇长着趴鼻子、黑皮肤；色雷斯人则认为他们的神祇金发碧眼"，他继续评道："如果牛、马、狮子长着手，可以像人类那样画画、创作，那么马会画出像马的神，牛会画出像牛的神，它们会依照自己的体态，构造神的形象。"最终他代表一种新的、"经过启蒙"的神的概念，其核心是不依赖所谓的书本宗教的一神论："唯一之神，众神与凡人中的最伟大者，与终有一死的人在形象上和思想上都毫无相似之处。"（顺便提一句，我们不能忘记古埃及的多次启蒙，尤其是信奉前犹太教一神论的埃赫那吞②"插曲"。）

"开场白"中提及的"远东"启蒙的代表人物是第二个例子。他属于色诺芬尼模式，也同色诺芬尼一样不囿于宗教启蒙。鸿儒荀子提出了一个典型的启蒙要求。人们不能追随儒家思想的主流，对传统亦步亦趋，而是应当将人的精神从迷信和偏见中解放出来。

启蒙的第二种基本模式并非来自宗教外部，而是源自宗教内部，体现在第三个例子中。在古代东方，无论在埃及还是在两河流

---

① 色诺芬尼（盛年约在公元前540—前570年），古希腊哲学家、诗人，主要活动在西西里岛。主要著作有《哀歌》、《讽刺诗》、《论自然》，均佚失，仅存残篇。——译注
② 埃赫那吞（约公元前1379—前1362年在位），古埃及第十八王朝法老。他在位时命令全国只许供奉太阳神一神，取代之前的全国最高神阿蒙神以及其他各地方神。——译注

域的美索不达米亚,宗教、社会和国家尽管功能迥异,但却紧密相连。与此相反,我们在《新约》、在《马太福音》(22,21)和《马可福音》(12,17)中读到如何让三者脱钩的教义:"凯撒的归凯撒,上帝的归上帝"。政教分离,两者都摆脱了对方的钳制。在相互解放的过程中,政治任务即国家统治与宗教的任务即救赎相分离。彼此的相对化使国家免除所谓的宗教和教会的义务,宗教则可以重新赞同国家在世界观方面采取中立,并且不带任何屈辱感或者怨恨。

第四个例子当属伟大的伊斯兰启蒙运动,它从接受古希腊的哲学、数学、天文学和医学文本发展而来。在伊斯兰启蒙过程中,伊斯兰圣典《古兰经》的学说,借助逻辑和形而上学被发展成科学神学。伊斯兰教的情况与犹太教和基督教类似,甚至在相当长的时间里与二者保持对话。科学神学以理服人,应该让宗教怀疑论者也心悦诚服。

伊斯兰思想的光辉岁月持续了大约四个世纪,我仅列举9世纪和10世纪的两位代表,顺便提一句,他们呈现了一种宗教内启蒙的多样性,因为他们分别代表两种互相竞争的形式。① 在哲学家及博物学者阿尔-肯迪(约公元800—870年)看来,人们只能借助纯粹理性洞察如从虚无中造物这类基本的宗教观。他说,如果理性和神启之间依然存在冲突,则以《古兰经》为准。因为在《古兰经》的预言中能找到最高的、不会被感觉或者思考谬误扭曲的知识形式。比他晚两代的阿尔-法拉比(约公元870—950年)反驳了他的观点。阿尔-法拉比建立起一个激怒了正统神学的知识等级秩序,因为高居顶端的不再是阿尔-肯迪那里的《古兰经》,而是可证明和普遍有效的哲学和科学知识。神学只能做亚里士多德的《论题学》所说那种"可能的"陈述。宗教的另一部分即仪式,只能展现

---

① 这一时期概貌参阅赫费:《哲学简史》,第六章,慕尼黑,2008年。

局部的、仅适合于某个文化空间的真理。仪式的任务在于"说服民众",其地位和亚里士多德理解的修辞学相同。

关于启蒙与宗教的联系就谈这些,现在我要谈谈启蒙与宗教的对立。阅读宗教文本不是职业神学家的专利。既然没有人禁止哲学家阅读宗教文本,我就擅自为启蒙列举宗教根据,也就是从宗教文本搜集能够用来建立"纯粹理性范围内的神学"大厦的砖块。

第一块砖石:根据我对《创世记》(1,26)的解读,被宣布为与上帝同形的,不仅仅是纯粹的神学家或者虔诚的信徒。《古兰经》说真主给人吹入了他的精神也是同样的意思。在第 38 章"萨德"第72 节,第 32 章"叩头"第 91 节,以及第 15 章"石谷"第 29 节中可以找到几乎一模一样的说法。既然每个人都享有神人同形的崇高地位,那么每个人都有"使用自己的理性"的权利。所以用宗教的论据也可以为人类的启蒙使命辩护,这一使命包含着人们的一项权利甚至可以说是义务:在教会、犹太会堂和清真寺的门前不放弃自己的理性。有两种模式可供这种权利选择。"虔诚的启蒙者"将选择阿尔-肯迪模式;他把神启——犹太教的《托拉》、基督教的《旧约》尤其是《新约》——看作正确无误、高高在上的认识形式。"自由的启蒙者"则遵循阿尔-法拉比模式,宣布世俗理性在认知方面高出一筹。

即便某个宗教共同体选取阿尔-肯迪的模式,它也应该让另外一种模式享有启蒙思想家康德所说的公共舆论权:"判断与洞见……以自由和公开的方式经受世界的检验。"(《什么是启蒙》)正如土耳其哲学界的女性权威 2007 年 11 月在伊斯坦布尔举办的上一届世界哲学大会上所强调的,思想自由是不可剥夺的人权。宗教至少要具备阿尔-肯迪的启蒙水平:即便是神启宗教,如果来点科学—哲学研究,来点高水平的神学,那也是一件很光彩的事情。

对于"寻常"理智而言,有些神启文本也许太富挑衅意味,甚至是荒唐的。如果遇到这些情况,宗教就应当反抗半吊子启蒙,拒绝删除荒唐文本的要求。宗教不必让其神圣的文本"下降"到寻常理智的水准。宗教也没有义务效法启蒙时期欧洲许多地方的做法,将宗教压缩为道德。然而启蒙的要求依然合理:将所有的文本,通过方法的路径来阐释哪怕是"已经神圣化的天启",同时容许争论。人们也应了解文本何时产生,在怎样的历史关联中产生,文本何时跻身经典。

所以,就连温和的启蒙也期待宗教提供持批判态度的阐释学,以便将真正的宗教内核与由时事形成的外壳分离出来。穆斯林这么做原则上也不存在任何困难。譬如,德国穆斯林中央委员会主席以利亚(Nadeem Elyas)就不把伊斯兰教视为铁板一块,不认为只能对伊斯兰教做一种阐释。他认为应当允许伊斯兰教内部存在多元主义,他说事实上伊斯兰教内部早就存在多元主义。马赛清真寺大教长苏易卜·班庆克(Soheib Bencheikh)甚至要求放弃对伊斯兰教的古老阐释。这种阐释在许多地方依然盛行。①

不是只有宗教共同体的成员才可以要求其共同体运用最起码地批判阐释学。世界舆论也必须要求伊斯兰教对譬如第9章"忏悔"第5节做出符合和平精神的阐释,同时要求该阐释应当得到所有穆斯林的承认:"当禁月逝去的时候,你们在哪里发现以物配主者,就在那里杀戮他们,俘虏他们,围攻他们,在各个要隘侦候他们。"②我们当然不应忘记,其他宗教文本也包含着令人反感的段

---

① 苏易卜·班庆克:《畏惧伊斯兰是有道理的》,马赛清真寺大教长访谈,摘自:《法兰克福汇报》(周日版),2001年12月16日。

② 此处引用《古兰经》马坚译本。

落。譬如《旧约》里面就讲到抵达圣地的犹太人应当砸碎所有的异教神像。

众所周知,伊斯兰教把人分为三类:一是由穆斯林构成的伊斯兰共同体(umma)。第二类是像犹太人、基督徒、曼达教派——他们是强调灵知的圣洗约翰宗教团体——这样的"有经人"(ahl al-kita)。在伊斯兰教看来,他们的信仰接近一神论。真正意义上的无教徒是多神论者和无神论者。所以犹太人和基督徒不在受到暴力威胁的"以物配主者"(偶像崇拜者)之列。如果被伊斯兰教划归"以物配主者"范围的西方各国尚有自保意识,特别是如果整个非伊斯兰世界还有自尊,就必须要求穆斯林、要求他们的宗教和政治领袖放弃针对无教徒的战争。人们可以在思想上展开争论,但是要绝对禁止用武器来争论。

如果我们不仅仅是对政治进行哲学思考,如果我们还自视为政治哲学家,我们就要敢于发表有政治分量的言论。自由知识分子——或者应该叫他们"所谓的自由派"?——可能不喜欢这种言论,但是,经过启蒙的、面向经验的同时代人并不害怕发表如下言论:

因为一个经过启蒙的集合体可以期望宗教共同体拥有方法考究的神学和批判阐释学,所以它具有一项重要权利——相对其穆斯林公民而言甚至是一项义务:至少要求在所有国立学校或者国家资助的学校的宗教教师——包括身为穆斯林的宗教老师——在德国高校接受基本的科学教育。

启蒙所要求的宽容和宗教自由现状如何?[①] 我们可以通过三

---

① 有关宽容概念及其辩护参见 R. 福斯特:《冲突中的宽容——一个争议概念的历史、内涵与当代》(*Toleranz im Konflikt. Geschichte, Gehalt und Gegenwart eines umstrittenen Begriffs*),美因河畔的法兰克福,2003 年;O. 赫费:《经济市民、国家公民、世界公民——全球化时代的政治伦理学》,(*Wirtschaftsbürger, Staatsbürger, Weltbürger. Politische Ethik im Zeitalter der Globalisierung*),慕尼黑,2004 年。

个相互补充的论证步骤来证明宽容和宗教自由是不可放弃、也不容讨价还价的启蒙思想。

我有言在先：一神教的代表可能很难接受这一观点，即多神教更容易实行宗教宽容这一观点（像儒家这样从一开始就没有宗教因素的思想或许更加容易）。虽然多神教如印度教里面也有诉诸暴力的信徒，但至少我们所知道的几个西方多神教很容易接受或新或旧的神祇。古希腊和古罗马的众神天界都提供了很好的例子。亚历山大大帝甚至把文化融合和宗教融合上升为政治纲领，罗马皇帝哈德良在罗马兴建了"万神殿"。

一神教无疑是哲学和神学之幸事，但一神教总是说——甚至作为十诫中的第一诫——"除了我以外，你不可有别的神。"（《出埃及记》20，3）。《新约》对此又进行了强化："不与我相合的，就是敌我的。"（《马太福音》12：30）。后来的基督教走得更远。日本人可以毫不困难地既信神道又信佛教，同时额外信奉基督教。基督教则分裂为不同教派。这些教派尽管有基于《新约》的共同信仰，如圣山宝训和撒玛利亚譬喻，但却难于接受普世教会。

尽管如此，基督教中还是能找到支持宽容的有力论据。如果用宗教来论证，首先就要宣布信仰自由与宗教兼容。事实上宽容也有譬如《新约》做基础，因为《新约》里面有互惠原则和爱的原则，还有圣山宝训和田间稗子的比喻（《马太福音》13：23—30，36—43），但尤为重要的是耶稣的行为。他不强制人信从，而是邀请他们，他对有罪之人总是宽宏大量（《马可福音》2：15—17；《路加福音》7：36—50；《约翰福音》8：3—11）。最后要提到保罗关于互相宽容的告诫（《歌罗西书》3：12 以下；《哥林多前书》4：12；《哥林多后书》11：1；《加拉太书》5：1，13；以及《哥林多前书》8：12 和《加拉太书》3：28）。穆斯林也可以想想《古兰经》第 109 章里的话："不信道的人们啊！我不崇拜你们所崇拜的，你们也不崇拜我所崇拜的。"

如果用政治理论和宗教理论来论证，第二个论据就是上述的"凯撒的归凯撒"这一口号。它让国家摆脱了对宗教和教会承担的所谓义务。反之，作为世俗的保护机构，国家的任务仅在于保障公民的基本法权，如身体和生命，如自由与财产。宗教的目标是救赎，许多宗教的对象是彼岸，它们都不在国家的管辖范围内。

我们继续谈论这样一个宗教，它在某些发源地很难接受宗教自由及宽容，并且将这些困难随着移民的行囊散播到非穆斯林国家。对于伊斯兰教而言，实现政教分离、实现国家和宗教的相互解放并无根本困难。这种来自古老东方的宗教、国家和社会的三合一传统并不具有宗教实体基础。伊斯兰教首要原则的功能与十诫中的第一诫相似：伊斯兰教说"安拉之外没有神"，首先是为了建立纯粹的一神教。在阿拉伯语中，"安拉"也就是上帝的意思，所以这一信仰表白不仅可以为穆斯林所用，也可以为基督徒所用，因为它只是一个狂热表述的同义反复："上帝之外不存在上帝"。政教分离也不会影响重要性其次的元素，如对先知穆罕默德的信仰，如每日五次的时礼，施舍，如斋月中的斋戒，如麦加朝觐。反正伊斯兰国家也分世俗"统治者"和宗教"统治者"，也就是哈里发和苏丹。

无论如何也得要求最低限度的解放：即便是一个具有浓厚的基督教、伊斯兰教或者印度教背景的集合体，也要给予其他宗教群体个人和集体宗教自由。只要这些宗教共同体用革出教门来惩治异己和异端，这不能有任何世俗政治后果。首先是不可以用法律和社会惩罚来推行禁止背离原初信仰的戒律。况且它们本身就违反了禁令：无论基督徒、穆斯林还是佛教徒，都是从"异教徒"的传教发展成为世界性宗教的。谁若赋予自己传教的权利、同时却阻止信徒弃教，谁就不仅违背了得到跨文化认可的金科玉律，而且违背了无可争议的公平原则，违背了切忌随意和一视同仁的原则。

为宗教宽容进行辩护的第三个策略即人格策略，是以人格的统一性为出发点。由于人格统一性的缘故，每个人都不仅有权利，而且有义务依照（经过启蒙的）信仰行事。但如果一个宗教具有威胁社会安定的戒律，如果它譬如说对公民进行误导，让他以为无须遵守国家的法律，国家方面就会终止信仰自由。

三

如果我对启蒙与宗教关系的思考剥夺了启蒙的一个基本元素即经验的权利，那么这些思考就不够清晰。对于我的主旨而言，这就意味着一个非教条式的启蒙对社会现实、对宗教的持续影响持开放态度。在西方民主国家，甚至在对基督教的实践赞同已渐渐式微的西欧、中欧和北欧各国——更不用说穆斯林国家，宗教肩负着五花八门的使命。第一，它是价值建立和价值传播的重要权威；第二，宗教创建共同体；第三，宗教是人生智慧的宝库；第四，用世俗的话来说，就是有助于克服偶然事件；第五条也是最重要的一条：宗教给人提供精神活动。

非教条的、面向经验的启蒙不仅见识这丰富的现实，它也思考其原因。在此，启蒙至少要触及三个互不排斥的假设。根据人类学假设，宗教是人类的基本需求；根据发生学假设，有一个宗教也就是基督教影响了现代世界的发展；合法性假设把宗教看作为现代性的不可转让的组成部分即人权进行辩护的基本元素。

以上三种假设都有与之相反的假设，毋庸置疑。针对人类学的论点，一位信奉科学至上的批评家会说，宗教的部分任务，特别是它对世界进行的包罗万象的阐释，最好让科学接管。依据另外一个批评者的看法,不受非宗教制约的冥想、包括非宗教的苦修都可以给人提供精神生活。第三个人又称,品行端正不是虔信者的专利。第四位批评者则贬低宗教,说它无非体现了儿童愿望的满足,特别是体现了对庇护的渴望和对哪怕在彼岸实现公正的希望。

第二种假设即发生学假设的批判者则强调与基督教无关的现代性根源,如希腊的哲学、科学、政治,如斯多噶派的道德,如罗马法。第三种假设即合法性假设的批评者则提醒人们不要忘却以真正宗教的名义发动的战争和内战留下的创伤,同时提醒人们不要忘记世界各大宗教愤然拒绝人权达几代人之久这一事实。

无论对于假设还是反假设,我今天都不想表态。我只想说一个从相关争论产生的洞见:启蒙不是储存放之四海而皆准真理的宝库。运用自身理性的历险是一个永无终结的过程。

（王　歌　译，黄燎宇　校）

千万别跟我们谈康德！

《法兰克福汇报》驻京记者　马克·西蒙斯

　　在北京大学这个值得纪念的下午，没有谁谈西藏问题。但是，当中德两国的哲学家们就如何理解"启蒙"交换看法的时候，他们所说的一字一句都透露出过去几周在中国和西方之间突然变得十分尖锐的敏感话题。对话的双方显示出感知差异，这种差异使政治纷争变得更为复杂；双方的排兵布阵也完全出人意料：德国人用康德发起进攻，中国人用托马斯·曼进行反击。

　　这次对话的诱因是科教部部长安娜特·莎琬对北京大学的访问。莎琬女士阐述了为什么要在这个地方谈论启蒙问题：启蒙运动促成了从专制到民主的转变，这一转变则把人当作目的，并使之成为一切的核心。作为一种象征性表示，她把霍斯特·杨森创作的康德肖像作为礼物赠予北京大学。在递交礼物那一刻，大厅内响起了通俗的巴伐利亚拍鞋舞曲。我们不必把这理解为无礼行为；在一个没有十分明确地界定双方采取何种礼仪的场合，这可能只是一种善意的表达方式。

自身尚未启蒙的启蒙

　　随后上台演讲的北京大学康德专家韩水法教授重点

探讨"万物浑不可分，拥有多重发展可能性"这种状态。为此，他对中国古代哲学家庄子的一个寓言进行了阐释：带有神秘色彩的怪物浑沌碰到两个分辨度高得多的朋友，这两人想帮浑沌一个忙，于是便商量说："人皆有七窍以视听食息，此独无有，尝试凿之。"他们日凿一窍，七日而"浑沌死"，寓言就此结尾。在韩水法看来，这种帮人的尝试象征着一种自身尚未启蒙的启蒙观念，这种观念假设有一种以同样的方式适合于所有人的理性，容不得任何差异存在。在韩看来，这就把人变成了理性和理性操控行为的单纯客体。

毫无疑问，韩发表这番议论的时候想到的是"来自西方的伟大启蒙给它带来前所未有苦难"的中国。他立足福柯的观点，建议启蒙运动改弦更张，让批判和自我批判更上一层楼。

启蒙非欧洲独有

几篇报告之间没有直接关系，但"差异"的话题已构成德方的论证红线。科隆大学罗曼文学专家安德里亚斯·卡布里茨（Andreas Kablitz）教授援引亚里士多德的话，指出理性的普遍要求与人类个体的差异性一点不矛盾；他把宽容戒令包含的"自由"理解为对各种先决条件的放弃。图宾根大学的奥特弗里德·赫费（Otfried Höffe）教授曾在《全球化时代的民主》一书中提出了建立"联邦制的、辅助性的世界共和国"的构想；在他看来，"运用自己的理智"这一启蒙要求的普适性也表现在欧洲人不能把启蒙思想视为欧洲独有这一思想。

德国人的出发点是不同事物具有普世性，中国人则坚持普世价值各不相同。和韩水法一样，研究德国文学的黄燎宇教授也谈到独具中国特色的启蒙思想。他依靠的主要证人是丁富博士，一个老是窃笑的中国人,这人是托马斯·曼小说《魔山》里面的一个微不足道的次要角色。在一场招魂术实验中,唯有他"保持正常的思维,也就是掀开顶灯,让光辉洒满了整个房间"。在黄看来,这个德国人眼里的中国人形象的确反映出中国人的一个典型特征,即恪守儒道的中国人的此岸精神。黄认为,此岸精神一方面构成了恪守儒道的中国人与人文主义者塞腾布里尼及整个西方启蒙思想的精神纽带;另一方面,恪守儒道的中国又因为其此岸精神成为嘲笑对象,因为人们认为他压根儿就不具备进行超验思维和抽象的能力。

意志先于理智

在黄看来,上个世纪的去儒化运动还是给儒家启蒙精神增添了新的内容。他特别提到两个被他归功于"体制化的马克思主义启蒙运动"的认识:一是"排除感伤情绪和道德激愤"的历史观,二是意志第一性——理智在意志面前只能充当女仆。已经资本主义化的中国人用这一思想工具打造出坚定的信仰,他们深信经济基础决定上层建筑,深信"飞速的经济发展能够带来文明、政治和道德的进步"。

黄用妙不可言的德语撰写的演讲报告用下面几句话结尾:"恪守儒道的中国人对自己满意,对世界也很满意。对于他,心满意足是一种久违的感觉。然而,世界却对他不太满意。这使他颇为烦恼。"这个中国人之所以不明白,是因为他认为自己已经融入"资本主义世界体系",认为自己在用此岸精神大力推进"欧洲的启蒙事业",而且没有发现自己损害过谁的利益。

文化的相对主义与普适主义

中国人的发言充满反讽,但还是表达出他们当前普遍感到的困惑:"西方"的意图何在？所以在听到有关损害人权的批评的时候,他们经常都不以为然,这种批评被视为遮掩其他利益的意识形态面纱。因此,那个想把不管生活在哪里的个人都解放出来运用理智的意志在这个下午也听到一种声明,即个人的自主要从承认自身文化属性的差异性开始。发言人的角色受自身的政治—文化前提的制约,这也许的确是西方普世主义的盲点;但是,用"文化"来建立对批评的免疫力也是另外一方的大盲点。双方都还需要给对方来点启蒙。

（彭　竹　戴甚彦　译,黄燎宇　校）

Grusswort

Prof. Xu Zhihong, Präsident der Peking Universität

Sehr geehrte Frau Ministerin,

Liebe Gäste,

Liebe Kollegen, liebe Studenten,

Zunächst möchte ich Sie, hochverehrte Frau Dr. Schavan, aufs Herzlichste begrüßen. Sie beehren die Peking Universität mit Ihrem Besuch.

Heute führen wir eine besondere Veranstaltung durch, ein Symposium zum Thema Aufklärung. Welchen hohen Wert Sie, verehrte Frau Ministerin, dem akademischen Austausch zwischen China und Deutschland beimessen, sieht man deutlich daran, daß Sie trotz Ihres vollen Terminkalenders in China zu dem heutigen Symposium kommen. Ich möchte daran erinnern, dass das letzete Wissenschaftsjahr in Deutschland "Geisteswissenschaften" zum Thema hatte, und dass Sie gesagt haben: "Die Geisteswissenschaften machen unsere Welt begreifbar. Sie vermitteln zwischen Vergangenheit, Gegenwart und Zukunft". Da möchte ich Ihnen heftig zustimmen. Unsere beiden Länder haben jeweils eine große geisteswissenschaftliche Tradition. Und es ist bekannt, daß

Deutschland einen hervorragenden Ort auf dem Gebiet der westlichen Geisteswissenschaften einnimmt. So verwundert es nicht, dass im vergangenen Jahrhundert ein reichhaltiger Austausch zwischen den Geisteswissenschaften unserer beiden Länder stattgefunden hat. Viele Gedanken der deutschen Geisteswissenschaftler der Neuzeit haben großen Einfluß auf die chinesischen Intellektuellen ausgeübt.

Die Vortragsveranstaltung von heute widmet sich der Thematik der Aufklärung. Das ist ohne Zweifel ein Thema, das sowohl von historischer als auch von aktueller Bedeutung ist. Zu dieser Frage werden nun zwei Wissenschaftler aus Deutschland und zwei von der Peking Universität ihre Meinungen äußern. Meinungsaustausch auf diese Art und Weise finde ich sehr notwendig und wichtig. Wir sollen nicht nur unsere Vergangenheit, Gegenwart und Zukunft, sondern auch das Eigene und das Fremde besser verstehen lernen. Im Zeitalter der Globalisierung ist das gegenseitige Kennenlernen und Verstehen so wichtig und unentbehrlich wie nie zuvor.

Die Peking Universität, die auf eine lange geisteswissenschaftliche Tradition zurück blickt, gilt als die Hochburg der chinesischen Geisteswissenschaften. In der Erforschung und der Vermittlung der deutschen Geschichte und Literatur sowie der deutschen Philosophie und Erziehungswissenschaft haben die Wissenschaftler der Peking Universität so viel Beachtliches geleistet, daß wir vor sechs Jahren die Entscheidung trafen, das Zentrum für Deutschlandstudien zu gründen. Vor drei Jahren hat der DAAD angefangen, mit uns zusammen das ZDS zu unterstützen. Zur Zeit gehört das ZDS zu den weltweit aktivsten Forschungszentren und trägt viel zur Förderung des akademischen Austausches zwischen China und Deutschland bei. Dass das heutige Symposium sowohl für die Zusammenarbeit zwischen der Peking Universität und den Gelehrten aus Deutschland als auch für die Entwicklung des ZDS förderlich ist, daran besteht kein Zweifel.

Liebe Gäste, für die Peking Universität, die großen Wert auf den internationalen akademischen Austausch legt, ist und bleibt Deutschland nach wie vor ein wichtiger Partner. Durch das Präsidentenforum, das wir vor ein paar Jahren in Zusammenarbeit mit einigen renommierten deutschen Universitäten ins Leben gerufen haben, werden der Austausch und die Zusammenarbeit zwischen den deutschen und den chinesischen Universitäten vorangetrieben. Verehrte Frau Ministerin, ich glaube, von Ihrem heutigen Besuch an der Peking Universität und Ihrer Teilnahme an dem heutigen Forum wird vor allem der akademische Austausch unserer beiden Länder in den Geisteswissenschaften sehr profitieren.

Dafür danke ich Ihnen, Frau Dr. Schavan, noch einmal vom Herzen. Mein Dank gilt auch den vier Wissenschaftlern, die hier auftreten werden. Ich bin überzeugt, dass ihre Vorträge uns neue Perspektiven zum Verständnis der Aufklärung eröffnen und unser beiderseitiges Verstehen vertiefen werden.

Ich danke Ihnen für Ihre Aufmerksamkeit.

Grusswort

Dr. Annette Schavan,
Bundesministerin für Bildung und Forschung

Die Universitäten sind das Herzstück unserer Wissen-schaftssysteme. Es freut mich deshalb sehr, dass es zwischen Universitäten in China und Deutschland seit vielen Jahren intensive Beziehungen gibt. Gemeinsam werden spannende Projekte bearbeitet. Deshalb ist es für meine Delegation und mich eine besondere Freude, heute bei Ihnen zu sein. Diese Freude ist verbunden mit großem Respekt und großer Anerkennung für die Entwicklung im Wissenschaftssystem in China—sowohl in den Universitäten wie auch in den Forschungseinrichtungen. Diese Entwicklung ist gleichsam das Fundament, auf dem wir hier über die Weiterentwicklung wissenschaftlich-technologischer Zusammenarbeit und über weitere gemeinsame Projekte sprechen wollen.

Kooperationen von Universitäten werden wesentlich getragen von einzelnen Wissenschaftlern oder Wissenschaftlergruppen. Die heutige Veranstaltung gestalten Hochschullehrer, die sich dem Gedanken des Brückenbaus in der Wissenschaft in besonderer Weise verschrieben haben: Wissenschaftler wie Professor Höffe, die Universitäten in China kennen und hier schon gelehrt haben; Wissenschaftler aus China und Deutschland, die Erfahrungen gesammelt haben im Dialog der Geisteswissenschaften und den Stellenwert dieses Dialogs im Ganzen der Wissenschaft kennen.

Wir wollen uns heute mit einer Philosophie und Tradition beschäftigen, die zum kulturellen Fundament Europas gehört. Sie prägt ganz wesentlich das europäische Selbstverständnis, das sich im Laufe von Jahrhunderten entwickelt hat. Diese Entwicklung erfolgte keineswegs in kontinuierlichen oder harmonischen Prozessen. Sie wurde vielmehr begleitet von vielen Auseinandersetzungen, die am Ende zu dem geführt haben, was wir als Aufklärung bezeichnen.

Mit dem Begriff Aufklärung verbinden wir eine besondere Stellung des Menschen und seine besondere Fähigkeit und Möglichkeit zur Verantwortung. Aufklärung prägt das europäische Geistesleben, Aufklärung prägt die europäische Tradition der Universität, Aufklärung prägt das Verständnis der Wissenschaft.

Der deutsche Philosoph, der in besonderer Weise für die Aufklärung steht, ist Immanuel Kant. Er hat dieser herausragenden, einflussreichen Entwicklung des europäischen Geisteslebens nicht nur das Programm gegeben, sondern mit seinen Schriften auch die Segmente dessen, was mit Aufklärung verbunden ist, in außergewöhnlicher Weise beeinflusst.

Aufklärung beschreibt nicht nur einen individuellen Prozess rationaler Selbstvergewisserung. Aufklärung ist auch ein historischer Epochenbegriff für einen Abschnitt der europäischen und nordamerikanischen Geschichte im 17. und 18. Jahrhundert. Diese Periode ist für die politische und ideelle Entwicklung Europas von kaum zu überschätzender Bedeutung.

Das Gedankengut der Aufklärung hat Schritt für Schritt alle Bereiche des gesellschaftlichen und kulturellen Lebens geprägt. In erster Linie zählt dazu der politische Paradigmenwechsel von einer absolutistischen zu einer demokratischen Grundlegung des Staates, die das Volk zum obersten Souverän machte. Dieser Paradigmenwechsel war gleichzeitig verbunden mit der Idee der Menschen- und Bürgerrechte.

Den Menschen und seine Fähigkeiten in den Mittelpunkt zu stellen, das ist gleichsam ein ur-europäischer Gedanke. Im vergangenen Jahr—50 Jahre nach Unterzeichnung der Römischen Verträge, die am Beginn der Europäischen Union standen—wurde dieser Gedanke von den Europäischen Staats- und Regierungschefs noch einmal sehr deutlich formuliert. In der Berliner Erklärung heißt es: Europas Reichtum liegt im Wissen und Können seiner Menschen.

Die besonderen Möglichkeiten des Menschen, sein Wissen und Können und die Entfaltung aller seiner Kräfte und Talente werden möglich in den Prozessen der Bildung. Dieser Gedanke wurde in besonderer Weise vom Bildungsreformer Wilhelm von Humboldt aufgenommen, der 1810 die Berliner Universität—die spätere Humboldt-Universität—mitbegründet hat. Humboldt hat jene Form der Universität auf den Weg gebracht, die mit der kurzen, aber auch eindringlichen Erwartung verbunden ist, die besagt: Wissenschaft bildet.

Wilhelm von Humboldt hat eine idealistische Vorstellung. Er beschreibt in herausragender Weise, was Bildung meint, nämlich den ganzen Menschen in all seinen Kräften und all seinen Äußerungen zu fördern. Humboldt spitzt dies sogar noch zu, wenn er sagt, Bildung sei die einzige Möglichkeit für die „ Fortschritte des Menschengeschlechts". Einer der früheren Präsidenten dieser Universität hat am Anfang des 20. Jahrhunderts an der Universität Leipzig Philosophie studiert. Die Bildungsideale Humboldts waren für ihn von so großer Bedeutung, dass er sie auf die moderne chinesische Universität zu übertragen versuchte.

Wissenschaft bildet, lautete der Anspruch Humboldts. Bildung ist der Schlüssel für Teilhabe, der Schlüssel für menschliche Emanzipation, der Schlüssel dafür, dass Menschen nicht hinter ihren Möglichkeiten bleiben. Nicht zuletzt aber ist Bildung auch Motor für gesellschaftliche, soziale und kulturelle Entwicklung.

Im Schlusskapitel der „ Kritik der reinen Vernunft" formuliert Kant vier Fragen. Ich behaupte, von den Antworten auf diese Fragen hängt viel ab für die Mentalität und das Selbstbewusstsein einer jeden Generation. Diese vier Leitfragen der Aufklärung lauten: Was kann ich wissen? Was soll ich tun? Was darf ich hoffen? Und schließlich: Was ist der Mensch?

Die Antwort, die auf diese letzte Frage in der europäischen Tradition gegeben wird, ist die Überzeugung von der unantastbaren Würde eines jeden Menschen—unabhängig von Leistung und Vermögen, Talenten und Grenzen; die Überzeugung von der Berufung des Menschen zur Freiheit und Verantwortung; die Überzeugung, dass der Mensch Zweck an sich ist und ihm seine Würde deshalb nicht von anderen verliehen, sondern aus sich heraus zu eigen ist; und schließlich die Überzeugung, dass der Mensch unabhängig von konkreten gesellschaftlichen und kulturellen Umständen und Bedingungen Träger unveräußerlicher Menschenrechte ist. Nicht solcher Rechte, die ihm jemand zugesteht, nicht solcher, die jemand ihm verleiht, sondern solcher, die er als Mensch hat.

Aufklärung als eine historische Epoche ist nach einer weitverbreiteten Auffassung mit der französischen Revolution abgeschlossen. Aufklärung als individueller und gesellschaftlicher Prozess aber ist prinzipiell unabschließbar und von unaufhebbarer Aktualität.

Wissenschaft wirkt global. Das gilt für alle Segmente der Wissenschaft. Das gilt auch für die Geisteswissenschaften, die in besonderer Weise den interkulturellen Dialog brauchen und ihn auch immer wieder neu beleben können.

Der Dialog über kulturelle Grenzen hinweg trägt zu einem gegenseitigen tieferen Verständnis bei. Unsere Beziehungen leben nicht nur von dem, was wir konkret in diesem und jenem Projekt erreichen wollen. Sie erhalten Substanz und Stabilität erst, wenn zum konkreten Projekt auch die Beschäftigung mit den kulturellen Grundlagen kommt und dem, was jeweils die Geistesgeschichte geprägt hat und bis heute prägt. Deshalb gehört zu unserem Dialog nicht nur der interkulturelle Dialog über das, was heute, am Beginn des 21. Jahrhunderts bedeutsam ist, sondern auch der Dialog über die prägenden Kräfte der Geistesgeschichte. In einer Zeit, von der wir alle wissen, dass sie dem Menschen so viel ermöglicht wie nie zuvor, ist auch die Selbstreflexion so bedeutsam wie nie zuvor.

Ich freue mich auf das heutige Symposium, künftige Kooperation-
en deutscher und chinesischer Universitäten, die weitere gute Zusammenarbeit und ein gutes Miteinander.

Vielen Dank.

Einleitung

Prof. Dr. Dr. h.c. Otfried Höffe, Universität Tübingen

Wer von Aufklärung spricht, darf nicht bloss von Europa, er muß auch von China reden. Denn "eine einzigartige Entscheidung des Schicksals", schreibt der Fürst der deutschen Aufklärung, Gottfried Wilhelm Leibniz, "hat die höchste Kultur- und die höchste technische Zivilisation der Menschheit heute gleichsam gesammelt an zwei äußersten Enden unseres Kontinents, in Europa und China."

Europa pflegt auf seine Epoche der Aufklärung, das lange *siècle de lumières*, stolz zu sein, und es hat damit ebenso recht wie unrecht. Recht hat Europa, weil das Zeitalter der Aufklärung durchaus Feinkritik verdient, beispielsweise an manch naivem Vernunft- und Fortschrittsoptimismus und an einer gelegentlich überzogenen Institutions- und Traditionskritik. Im wesentlichen ist es aber eine facettenreiche Epoche, die auch die sogenannte Dialektik der Aufklärung, eine im Ansatz übrigens bescheidene Kritik, weil lediglich Kritik der instrumentellen Vernunft, einschließt. Und zweifellos ist die Epoche brillant. Sie bringt so überragende Geister hervor wie den Mathematiker und Physiker Isaac Newton und den Mathematiker, Historiker und Philosophen Gottfried Wilhelm Leibniz, wie den Moralisten, Rechtsethnologen und Staatsphilosophen Charles-Louis de Montesquieu und das Muster eines Universallexikons, die französische *Encyclopédie*. Hinzu kommen " das Wunder seiner Zeit", wie Goethe sagt, also Voltaire, ferner der Moralphilosoph und Volkswirtschaftslehrer Adam Smith, der große David Hume, ein Kritiker naiver Aufklärung wie Jean Jacques Rousseau, nicht zuletzt der philosophische Höhe- und zugleich Wendepunkt der Aufklärung, Immanuel Kant.

Aus dem weiten Feld von Glanzleistungen seien drei Dinge hervorgehoben. In "theoretischer" Hinsicht setzt man die Erfahrung, die Natur- und die Sozialerfahrung, ins Recht; in praktischer, vor allem politischer Hinsicht wird die Freiheit gestärkt, sichtbar in Forderungen nach Toleranz, Religionsfreiheit und Strafrechtsreform; und hinter beidem steht die Ermächtigung der Vernunft, sowohl der theoretischen als auch moralischen. Wegen dieser außergewöhnlichen Dichte überragender Gestalten und Leistungen dürfte das europäische Zeitalter der Aufklärung zwar eine singuläre Epoche sein, die drei Glanzleistungen hervorbringt. Die eineinhalb Jahrhunderte von der Mitte des 17. bis zum Ende des 18. Jahrhunderts sind aber nicht die einzige Aufklärung der Weltgeschichte.

Europa darf auch deshalb auf diese Epoche stolz sein, weil sie von so gut wie all seinen Kulturen getragen wird. Man braucht sich nur an die Herkunft und den Wirkungsort der überragenden Figuren zu erinnern. Einer der Väter des modernen Völkerrechts, der Vor- und Frühaufklärer Hugo Grotius, stammt aus den Niederlanden. Der zu seiner Zeit einflußreichste Völkerrechtslehrer, der deutsche Samuel

Pufendorf, Hochschullehrer in Heidelberg und im schwedischen Lund, ist einige Jahre als schwedischer Staatssekretär in Stockholm, später einige Zeit als brandenburgischer Historiograph in Berlin tätig. Der Philosoph Baruch de Spinoza ist wieder Niederländer; John Locke und Isaac Newton sind Engländer, David Hume und Adam Smith Schotten. Der Fürst der deutschen Aufklärung, Gottfried Wilhelm Leibniz, korrespondiert mit fast allen Gelehrten Europas und regt die Gründung der Akademien der Wissenschaften in Berlin und St. Petersburg an. Aus Frankreich wiederum kommen Montesquieu und das wissenschaftliche Groß- und Gemeinschaftsunternehmen, die *Encyclopédie*, sowie der Protoptyp des kritischen Intellektuellen, Voltaire, der aber auch in England und später am Hofe Friedrichs des Großen einige Jahre verbringt. Aus dem schweizerischen Genf stammt ein Mitarbeiter der *Encyclopédie* und zugleich Kritiker einer naiven Aufklärung, Jean-Jacques Rousseau. Lebens- und Wirkungsort vom Höhepunkt und zugleich Wendepunkt der europäischen Aufklärung, von Immanuel Kant, ist dagegen Königsberg, die Hauptstadt von Ostpreußen.

Es ist auch Kant, der das Wesen der Epoche auf den Begriff bringt. So knapp und prägnant wie in Stein gemeißelt erklärt er: "Sapere aude! Habe Mut, dich deines eigenen Verstandes zu bedienen". Unter diesem Wahlspruch schiebt Europa einmal alle politischen Querelen beiseite und bringt, bald in geistiger Kooperation, bald in intellektueller Konkurrenz, eine gemeineuropäische Bewegung hervor. Seit dem gehört die Aufklärung zu Europas unaufgebbarem Erbe, vorausgesetzt, daß man sie nicht als den einmal für immer festgeschriebenen Kanon von Ansichten versteht. Die Aufklärung ist eher ein

Prozeß, der sich durch den Entschluß zum Selbstdenken auszeichnet, mit diesem Entschluß die Aufhebung von Irrtümern und Vorurteilen in Gang bringt, auch die allmähliche Loslösung von partikulären Beschränkungen und dadurch schrittweise die allgemein menschliche, streng universale Vernunft freisetzt.

In diesem Begriff, der Aufklärung als dem Prozeß eines facettenreichen Selbstdenkens, deutet sich schon an, daß Europa auf sein *siècle de lumières* zwar stolz sein, es aber nicht für das einzige Aufklärungsgeschehen der Menschheit halten darf. Man muß hinzusetzen: glücklicherweise. Denn wäre die Aufklärung ein Sonderphänomen der europäischen Neuzeit, so könnte man sie schwerlich von anderen Kulturen erwarten, darüber hinaus sie sogar ihnen zumuten. Tatsächlich gibt es Aufklärungsbewegungen in vielen Kulturen. Und Europas Zeitalter der Aufklärung setzt ältere Aufklärungsbewegungen, insbesondere die der griechischen Antike, als geschichtliche Vor-Ereignisse voraus.

Wer für Aufklärung plädiert, erliegt also nicht einem Eurozentrismus. Noch weniger setzt er sich für ein bloss christliches Europa ein. Zu den großen Philosophen der Aufklärung gehört der Jude Baruch de Spinoza, später ein Gesprächspartner Kants, der Jude Moses Mendelssohn. Heute, im Zeitalter der Globalisierung, ist ohnehin etwas angesagt, was anderen Kulturen eine Demütigung erspart und ein antieuropäisches bzw. antiwestliches Ressentiment überflüssig macht; vonnöten ist ein interkultureller Diskurs. In ihm läßt sich zeigen, daß sich die Aufgabe kulturunabhängig allen Menschen stellt: einem Potential, das den Menschen aller Kulturen gemeinsam zueigen ist, zur leb-

endigen Wirklichkeit zu verhelfen. Dank der Sprach- und Vernunftbe-
gabung, die unsere Gattung auszeichnet, ist dem Menschen sowohl
möglich als auch aufgegeben, zu selbstverantwortlichen Personen zu
werden und sich ihres eigenen Verstandes zu bedienen. Und weil diese
Aufgabe die Menschheit über all ihre Unterschiede und Grenzen hinweg
eint, also wegen ihres universalistischen Charakters, erstaunt es nicht,
daß sich Aufklärungsbewegungen in vielen Kulturen finden. Erneut
darf man hinzusetzen: glücklicherweise.

Unsere Veranstaltung widmet sich den zwei Kulturen, die schon
Leibniz hervorgehoben hat, China und Europa. Beispiele ihrer Kultur
werden unsere chinesischen Kollegen vorstellen. Als sinologischer Am-
ateur erwähne ich nur Xun Zi, den konfuzianischen Meister Xun aus
dem dritten Jahrhundert v. Chr. Er erhebt nämlich die für eine
Aufklärung typische Forderung, den menschlichen Geist von Aberglaube und Vorurteilen zu befreien.

Ob in Europa oder in China oder noch anderswo—die Aufklärung
bringt eine Leistung zustande, die die Menschheit schon immer,
heute, in Zeiten der Globalisierung aber in erhöhtem Maße willkommen
heißt. Sie hilft nämlich, von der Kirchturmperspektive, in der man
aufwächst, frei zu werden und den verengten Blick durch einen weiten
Horizont zu ersetzen, in dem wir Interkulturelle, hier und heute chine-
sisch-deutsche Diskurse zu führen.

Diese Seite der Aufklärung, die Erweiterung des geistigen Hori-
zonts, verspricht eine politisch erfreuliche Nebenwirkung. Erfaßt sie
nicht nur eine schmale Bildungsschicht, sondern einen Großteil der
Bevölkerung, so macht sich eine Gesellschaft oder Kultur von der eng-

stirnigen Fixierung auf sich selbst frei. Sie wird auf andere Gesellschaften und Kulturen neugierig. Aus der Neugier ergeben sich Kenntnisse, aus den Kenntnissen eine Wertschätzung, und im Verlauf dieses Prozesses entstehen wie von selbst Offenheit und Toleranz.

Für diese Aufklärung, die Überwindung einer sowohl kulturellen als auch epochalen Egozentrik, leisten einen herausragenden Beitrag die Geisteswissenschaften. Indem sie den Blick auf andere Kulturen und andere Epochen öffnen, lehren sie ein dreifaches Verstehen. Erstens lehren sie, die anderen in ihrer Andersartigkeit, zweitens die anderen und sich selbst in ihrer Gemeinsamkeit und schließlich drittens durch die Verbindung von Verschiedenheit und Übereinstimmung sich selber besser zu verstehen.

In die Aufgabe dreifachen Verstehens ordnet sich unsere heutige Veranstaltung ein. Neu ist—ein drittes Mal: glücklicherweise—das Gespräch zwischen chinesischen und deutschen Wissenschaftlern und Philosophen nicht. Es ist auch nicht erst wenige Jahrzehnte alt, sondern hat im Gegenteil eine lange Tradition. Exemplarisch nenne ich wenige Beispiele meines Metiers, der Philosophie. Der schon erwähnte "Fürst der deutschen Aufklärung" zeigt an der chinesischen Kultur mehr als bloss laienhaftes Interesse. So studiert Leibniz in den von Pater Couplet und anderen Jesuiten herausgegebenen Werken des Konfuzius. Er trifft sich mit Claudio Filippo Grimaldi, der in Peking Leiter des chinesischen Amtes für Mathematik werden soll und übergibt ihm eine Liste von Fragen zur Sprache, zu den ethnischen Gruppen und dem Stand der Technik in China. (Nur in Klammern: Der chinesische Kaiser kannte die Euklidische Geometrie und konnte mit Hilfe deren Trigonometrie die Bewegungen der Himmelskörper berechnen.)

Zurück zu Leibniz. Unter dem Titel *Novissima Sinica* ("Das Neustes aus China") —das einleitende Zitat stammt aus deren Einleitung— veröffentlicht er eine Sammlung von Texten: Briefen und Aufsätzen von Mitgliedern der Jesuitenmission in China. Um für die Berliner Akademie eine Haupteinnahmequelle zu gewinnen, schlägt er sogar vor, die berühmte Seidenstraße gewissermaßen zu verkürzen und in den Königlichen Gärten von Potsdam eine Seidenraupenzucht anzulegen. So recht gedeihen sollte das Unternehmen freilich nicht. Leibniz' Wertschätzung von China geht so weit, daß man sogar von Sinophilie sprechen darf. Zu seinen gelungensten Veröffentlichungen gehört ein systematischer Abriß seiner Interpretation chinesischer Wissenschaft und Philosophie. Er trägt den verengenden Titel *Discours sur la théologie naturelle des Chinois* ("Abhandlung über die natürliche Theologie der Chinesen").

Der bedeutende Leibniz-Schüler Christian Wolff wird das Interesse seines Meisters an China teilen. Er veröffentlicht eine "Rede von der Sittenlehre der Chinesen". Und Kant sagt in der *Physischen Geographie* von China: "Dieses Reich ist ohne Zweifel das volksreichste und kultiviertste in der ganzen Welt."

Für die andere Seite, für den Blick Chinas auf Europa, darf ich die Kant-Rezeption herausgreifen. Sie beginnt vor weit mehr als hundert Jahren, am Ende des 19. Jahrhunderts. Zunächst stützt man sich noch auf japanische Übersetzungen, so der Philosoph Liang Qichao (1873—1929), der Kant in Begriffen des traditionellen chinesischen Denkens interpretiert. In einer zweiten Phase, nachdem bedeutende

Intellektuelle in Deutschland studierten, stützt man sich auf die Originaltexte. Einer der wichtigsten Vertreter ist Cai Yuanpei (1868— 1940), zunächst Erziehungsminister, dann Präsident der Peking-Universität. Auch die erste Übersetzung der *Kritik der reinen Vernunft* verdankt sich einem Präsidenten der Peking-Universität. Ein Vertreter der dritten Phase, Mon Zongsan, übersetzt nicht bloss Kants wichtigste Werke, allerdings aus dem Englischen; er widmet auch drei Bücher der Auseinandersetzung mit Kant.

Schließen darf ich diese Einleitung mit dem Hinweis, daß die Peking Universität bis heute ein bedeutendes Kant-Forschungszentrum geblieben ist.

Das Subjekt der Aufklärung

Prof. Dr. Han Shuifa, Peking Universität

Ein Vortrag auf diesem Symposium über das Thema der Aufklärung stellt eine eindringliche Erinnerung an die akademische Verantwortung dar. Im Oktober dieses Jahres wird die Fakultät für Philosophie und das Institut für westliche Philosophie der Beijing-Universität eine internationale Konferenz zum Thema Aufklärung veranstalten. Es haben bereits mehrere dutzend Geistes- und Sozialwissenschaftler aus dem In- und Ausland ihre Teilnahme zugesagt, darunter auch mehr als zehn deutsche Kollegen. Das heutige Symposium lässt sich als Präludium für diese Konferenz betrachten, zur gleichen Zeit beweist es, dass die Problematik der Aufklärung für die gesamte Menschheit bis heute nichts von ihrer Bedeutung verloren hat.

1. Das Subjekt der Aufklärung

Seit Beginn der Aufklärungsbewegung in Europa sind bereits mehr als 200 Jahre vergangen. Das chinesische Wort *qimeng*, jedoch, das heute in China für den Begriff der

Aufklärung verwendet wird, wurde bereits vor mehr als 2000 Jahren geprägt.

Aufklärung und der Begriff der Aufklärung waren im Westen beträchtlichen Veränderungen und Verschiebungen unterworfen. Die Vielfältigkeit des Verständnisses von Aufklärung steht in einem Spannungsverhältnis zu der ständig fortschreitenden Angleichung der Lebensformen der Menschen und zur Zusammenfassung der geschichtlichen Erfahrung in einer vereinheitlichten Lebensansschauung. Das führt zu einer wichtigen Frage bezüglich des Problems der Aufklärung, nämlich zu der Frage des 'Ausgangs', einem Wort, das im Deutschen auch noch etwas anderes andeutet nämlich ein Ende im Sinne des Abschieds.

Das traditionelle chinesische Wort für Aufklärung hat die Konnotation der Beseitigung von Unklarheit/Unvernunft und der Entfaltung von Rationalität. Selbstverständlich hat es auch hier im Laufe von 1800 Jahren Geschichte Veränderungen und Vertiefungen gegeben, der Grundton blieb jedoch erhalten. Obwohl diese Bedeutung gewisse Ähnlichkeiten mit dem modernen, aus dem Westen eingeführten Aufklärungsbegriff hat, ist sie in der Moderne von diesem heftig attackiert und schließlich umgeworfen worden.

Das chinesische Wort für Aufklärung *qimeng* besteht aus zwei Schrifzeichen. *qi* ist ein Verb und bedeutet öffnen, eröffnen und im übertragenen Sinne aufschließen, *meng* ist ein Nomen, es bezeichnet ursprünglich eine Art Kraut und im übertragenen Sinne Unwissenheit, Verblendung, Obskurität und hat schließlich im Wort für Aufklärung die Bedeutung "unwissendes Kind". Im Chinesischen hat *qimeng* also ursprünglich die Bedeutung, eine "Verhüllung" zu entfernen, und den verhüllten Gegenstand sichtbar werden zu lassen. Etymologisch gesehen ist das Wort *qimeng* also als Metapher bzw. in Analogie verwendet worden. In diesem Sinne ist seine ursprüngliche Bedeutung die Entfernung von Ignoranz und das Hervorscheinen lassen von Vernunft.

Wie auch immer, dieser Metapher wurde natürlich bereits bei ihrer Ausformung ein mehr oder weniger klar definierter Inhalt gegeben und dieser Inhalt war eine mit philologischer Ausbildung verbundene Erziehung in Sittlichkeit und humanitärem Wissen. Das letztere umfasst unter anderem Geschichte, Politik, Astronomie und Geographie. Diese Wissensbereiche waren in den Augen der alten Chinesen engstens miteinander verbunden und konnten sich gegenseitig unterstützen und beweisen.

Mit Ankunft der Moderne erlebte der *Qimeng*-Begriff im chinesischen Denken dramatische Veränderungen. Im Austausch mit anderen Gedankenströmungen der Welt insbesondere mit dem westlichen Denken wurde der *Qimeng*-Begriff polyvalent und besaß von da an keine festgelegte Bedeutung mehr. Es lässt sich deshalb auch sagen, dass eine Art von mächtiger Aufklärung aus dem Westen dafür verantwortlich war, dass die Chinesen präzedenzlose, durch eine Utopie hervorgerufene Schwierigkeiten zu bewältigen hatten und Härten erlitten.

Als ein Resultat davon, ist der Aufklärungsbegriff mehr oder weniger in den Status einer Metapher zurückgekehrt. Aufklärung setzt die Existenz von Unmündigkeit voraus, durch die Ambivalenz des Begriffes der Aufklärung ist aber auch das, was man als Unmündigkeit bezeichnet unklar geworden.

Als Kant postulierte, dass "Habe Mut Dich Deines eigenen Verstandes zu bedienen", dass Motto der Aufklärung sei, schien der Aufklärungsbegriff seine definitive Bedeutung erhalten zu haben. Es ist hier kaum notwendig darauf hinzuweisen, dass die wichtigsten Elemente des Geistes der Aufklärung keineswegs im Zeitalter der Aufklärung plötzlich erschienen sind, sondern dass die Vorstellungen und Prinzipien von Aufklärung und Rationalität vielmehr bereits vorher im westlichen Denken in naiver und nicht vollständiger Form aufschienen und sich in einem Prozess der Transformation und der Entwicklung befanden. Die Aufklärungsbewegung ist nicht mehr als eine systematische Integration all dieser Elemente durch die Universalität der Vernunft. Die Tatsache, dass Foucault, als er zweihundert Jahre nach Kant erneut die Frage "Was ist Aufklärung" zu beantworten suchte, dabei den Aspekt der Aufklärung als Ausgang (*sortie*) betonte, und schließlich die Vermutung äußerte, dass die Menschheit zu diesem Zeitpunkt noch keinen Ausgang gefunden habe, zeigt, dass im Westen der Aufklärungsbegriff erneut in einen metaphorischen Zustand zurückgefallen ist.

Die Beantwortung der Frage, ob wir heute in einem aufgeklärten Zeitalter leben bringt aus diesem Grunde eine ganze Reihe von Schwierigkeiten mit sich.

Da Aufklärung in einen metaphorischen Zustand zurückgekehrt ist, ist das Vertrauen der Menschheit in die eigene Vernunft in einem pluralistischen Dschungel versackt. Wenn man ein hohes Maß an Verantwortungsbewusstsein verspürt und diese Frage unbedingt beantworten will, dann kann man eigentlich nur das Folgende sagen: "Wir haben bereits eine Aufklärungsbewegung durchgemacht, einschließlich ihrer Auswirkungen und Auswüchse, ein Ausgang jedoch, hat sich nirgendwo deutlich gezeigt!"

In der Tat ist es so, dass der Terminus Technicus "Aufklärung" in allen wichtigen westlichen Sprachen immer im Range einer Metapher steht. In dem Moment, in dem Aufklärung durch die Vernunft als etwas Allgemeines bestimmt wird und sich auf diese Art und Weise ihres metaphorischen Charakters entledigt, bewegt sich die Aufklärung in Richtung ihres Abschlusses. Foucault glaubte, dass Aufklärung in Kritik transformiert werden müsse, und "das bedeutet, dass diese historische Ontologie unserer selbst von allen Projekten Abstand nehmen muß, die beanspruchen, global oder radikal zu sein. In der Tat wissen wir aus Erfahrung, dass der Anspruch, dem System der gegenwärtigen Realität zu entkommen, um allgemeine Programme einer anderen Gesellschaft, einer anderen Weise zu denken, einer anderen Kultur, einer anderen Weltanschauung hervorzubringen, nur zur Rückkehr zu den gefährlichsten Traditionen geführt haben. "①

Falls es möglich sein sollte Aufklärung in Kritik zu transformieren, so liegt der Schlüssel sicherlich darin, die zentrale Position der Selbstkritik, ihre Bedeutung sowie ihre Tiefe anzuerkennen. Aus einer anderen Perspektive gesehen, liegt der Schlüssel aber darin, zu verstehen, was das Subjekt der Aufklärung ist. Das ist der eigentliche Ausgangspunkt des Problems der Aufklärung. Egal ob im chinesischen

---

① Vgl. Foucault, Michel, "Was ist Auklärung", in: Erdmann, Eva, Forst, Rainer, Honneth Axel (Hrsg.), *Ethos der Moderne. Foucaults Kritik an der Aufklärung*, Frankfurt am Main: Campus 1990, S. 35—44.

Aufklärungsbegriff oder im westlichen Aufklärungsbegriff ist diese Frage niemals vollkommen klar gelöst worden. Wenn wir von dem Subjekt der Aufklärung reden meinen wir hier die selbstbestimmte Existenz, die die Aufklärung an sich vorantreibt und trägt und nicht etwas jemanden, der sich in einem Rezeptionsprozess die Aufklärung angeeignet hat.

Kants Philosophie enthält eine Erklärung, die allerdings ursprünglich nicht als Beantwortung dieser Frage gedacht war: Vernunft ist der Mensch, Mensch ist die Vernunft. In China hat der Vertreter der Gemütsschule Lu Jiuyuan (1139—1192) während der Song-Zeit gesagt: "Das Gemüt und das Prinzip, in Wirklichkeit sind sie eins und können nicht getrennt werden". [1] "Gemüt" (*xin*) und "Prinzip" (*li*) meinen hier Vernunft und Wissen/Erkenntnisse des Menschen. Die Vorstellung, dass alle das gleiche Herz und alle die gleiche Vernunft haben, (*ren tong ci xin, xin tong ci li*) ist ursprünglich auch eine Überzeugung des chinesischen Aufklärungsdenkens. Die Haupttriebfeder der Herzschule ist aber nach wie vor Wang Yangmings Äußerung: "In dem Moment, in dem man etwas denkt ist man ein Handelnder (*yi nian fadong chu jishi xing*)."

Kerngrundlage und Kernelement der klassischen Aufklärung ist die Vorstellung von der Allgemeingültigkeit der Vernunft, auf Grund der Allgemeingültigkeit der Vernunft konnte die Aufklärung zu einer universalen Aktivität werden. Wenn die Vernunft für alle Menschen ganz und gar das Gleiche ist, dann ergibt sich daraus die Möglichkeit, dass die Aufklärung zu einer autonomen Aktivität eines unabhängigen Geistes oder einer unabhängigen Vernunft wird und dass die Menschen so

---

[1] Vgl. Lu Jiuyuan, *Quanji* (Gesammelte Werke), J. 1.

zum Werkzeug der Vernunft werden. Das jedoch bringt eine neue theo-
retische Schwierigkeit hervor: Aktivitäten bei denen der Mensch die
Vernunft verwendet werden in dieser Logik auf den Kopf gestellt und zu
Aktivitäten bei denen der Mensch von der Vernunft verwendet wird.
Das Subjekt der Aufklärung wird auf diese Art und Weise zu einem
Ding, das zwar etwas mit dem Menschen zu tun hat, aber außerhalb
des Menschen steht.

Das kann noch eine Vertiefung erfahren: in dem Moment, in dem
Vernunft die Rolle zuerkannt wird, den Menschen zu kontrollieren, ist
es ein notwendiges Ergebnis, dass sich die Vernunft an Stelle des Menschen auf die Bühne der Aufklärung begibt. Tatsächlich sind es immer
noch diese Menschen, die ins Rampenlicht treten. Es ist aber so, dass
dieser Mensch bzw. dieses Menschen unbedingt verlangen, die sogenannte Macht der Vernunft auszuüben. Auf diese Art und Weise wird
' Aufklärung' zunehmend transformiert in ein Werkzeug, durch das ein
Mensch andere Menschen belehrt. Auch wenn das Subjekt der
Aufklärung zu den Menschen zurückgekehrt ist, so haben doch die
Menschen den Prozeß einer weitgehenden Aufspaltung oder Zersplitter-
ung durchlebt.

Diese Transformation ist die Transformation des Subjektes der
Aufklärung und in ihrer Folge ereignen sich auch grundsätzliche
Veränderungen in der Natur der Aufklärung. Aus der Aufklärung des
Menschen wird die Manipulation des Geistes, der Konzepte und des
Verhaltens der Menschen in neuer Form. Weiterhin ist es so, dass,
egal, ob es sich um den besonderen Geist dieser oben genannten Ver-
treter handelt oder um die Vernunft selbst, in einer derartigen Situation

wird Aufklärung zumindest zur besonderen Macht einer Gruppe von Menschen oder einer Minderheit. Unter diesen Bedingungen vergeht sich Aufklärung nicht nur an sich selbst, sondern zugleich auch an der Vernunft, um ein besonderes Ding zu werden.

Wir können daher beobachten, dass diese die universale Vernunft ausführende Aufklärung in Bezug auf das Problem des Subjektes in die Gefahr gerät sich selbst auszulöschen. In dem Moment aber, in dem Vernunft zu einem besonderen Ding wird, welche Bedeutung kann Aufklärung dann noch haben?

2. Der Tod der Umgestalt und Handlung der Kritik

Lassen Sie uns nochmals zurückblicken auf die europäische klassische Aufklärungsbewegung. Weiter oben habe ich bereits darauf hingewiesen, dass die Konzepte der Aufklärung für die Menschen im Westen im Zeitalter der Aufklärung keinesfalls vollkommen neue Dinge waren. Hier ist zu beachten, dass in dieser Bewertung die Westler als eine Gesamtheit betrachtet werden. In dem Moment, in dem man seinen Blick auf eine spezielle Gruppe in ihrer Mitte konzentriert sieht die Situation völlig anders aus.

Es lässt sich sagen, dass für einen Teil der Italiener die Renaissance nichts anderes ist als die Wiederbelebung der klassischen Kultur während es für viele andere europäische Gruppen den Prozess der Aufnahme einer völlig neuen Zivilisation bzw. gar einer von außen kommenden Zivilisation bedeutete. Bei der Verbreitung des Christentums in Europa liegt der Fall ähnlich. Der Prozess der Christianisierung der Germanen war gleichzeitig der Prozess des Verlustes ihrer ursprünglich vorhandenen Kultur. Aus diesem Grund lässt sich sagen, dass egal ob es sich um das Christentum handelt, um die Renaissance oder um die Aufklärungsbewegung das für eine Zivilisation wie die germanische oder die deutsche bedeutete, dass es sich um Sachen handelte, die vollkommen neu und fremd waren.

In diesem Prozess hat die Entwicklung der europäischen Gesellschaft, wie Weber gesagt hat, ihre sehr große Zufälligkeit, und diese Zufälligkeit ist begründet darin, dass unterschiedliche menschliche Gruppen die Möglichkeit haben, sich unterschiedlich und auf vielfältige Art und Weise zu entwickeln. Auf die gleiche Art und Weise verfügen die Veränderungen in der ganzen Welt ursprünglich über eine Vielzahl von Möglichkeiten, und auch heute ist—auch wenn sich die Menge der Möglichkeiten reduziert hat—der künftige "Ausgang" der Menschheit nach wie vor nicht auf einen beschränkt. Es lässt sich erkennen, dass die Menschheit hinsichtlich der Vernunft ausgesprochen unterschiedliche Ansichten hat, zum Telos der Geschichte gibt es überaus unterschiedliche Perspektiven und was den Verkehr und die Verständigung zwischen unterschiedlichen Gruppen angeht gibt es nach wie vor tiefe Gräben und Hindernisse. In einer derartigen Situation gibt es für die Aufklärung keine Möglichkeit, sich aus ihrem metaphorischen Zustand zu befreien.

Aus diesem Grund möchte ich hier eine sehr wichtige Metapher analysieren, die Zhuangzi erdacht hat, und untersuchen, inwieweit sie unser Denken in Hinblick auf das gegenwärtige Aufklärungsdenken stimulieren kann. Seit 2300 Jahren hat diese Parabel Anziehungskraft auf die größten intellektuellen Köpfe und immer wieder für Perplexität gesorgt.

"Der Herr (*di*) des Südmeeres war Hastewas, der Herr des Nordmeeres war Kannste, und der Herr der Mitte war Ungestalt/Chaos/Unausdifferenziertes. Hastewas und Kannste trafen sich oft im Land von Ungestalt und Ungestalt begegnete ihnen stets äußerst zuvorkommend. Hastewas und Kannste wollten Ungestalt seine Freundlichkeit entgelten und sagten sich: ' Alle Leute haben sieben Löcher zum Sehen, Hören, Essen, und Atmen. Ungestalt allein hat keins. Wir wollen ihm ein paar Löcher bohren '. So bohrten sie jeden Tag ein Loch, und am siebten Tage starb Ungestalt. "[1]

Herr (*di*) kann hier als eine spezifische Gemeinschaft, als Repräsentant einer spezifischen Gemeinschaft oder aber einfacher gesagt als jemand, der sich von der Masse unterscheidet interpretiert werden.

Der Herr der Ungestalt lebt in seiner speziellen Lebensweise an seinem eigenen Ort. Dieser Ort war für die Leute aus der Ferne attraktiv. Von anderen Gründen einmal abgesehen bewirtete Ungestalt seine Gäste gut, obwohl die Verständigung zwischen beiden Seiten sehr speziell war. Die Einzigartigkeit von Ungestalts Existenz und seine Methode der Kommunikation stellten auf keinen Fall ein Hindernis für das moralische Handeln von Ungestalt als Person dar. Möglicherweise war es

---

[1]   *Zhuangzi "Ying diwang"* (Antworten an die Könige), Übersetzung folgt Wohlfart, Günter (Hrsg.), *Zhuangzi. Eine Auswahl übersetzt von Stephan Schumacher*, Stuttgart: Reclam 1998, S. 114.

auch gerade Ungestalts spezielle Lebensform, die ihn dazu brachte, diese Männer nicht als fremde Gäste zu betrachten. Egal wie man es versteht, Ungestalt stellt auf diese Art und Weise ein vollkommen unabhängiges Subjekt dar. „ Er folgte seiner Natur so wie sie ist und duldete keinen Eigennutz ". Aber gerade dieses war der Hauptgrund, der zu seinem brutalen Ende führte.

Der Ausgangspunkt von Hastewas und Kannste war wohlmeinend, sie wollten Gutes mit Gutem vergelten. Im gleichen Maße, in dem sie ein tiefes Gefühl für die Tugendhaftigkeit Ungestalts entwickelten, entwickelten sie auch ein tiefes Gefühl für die Unterschiede zwischen ihnen und Ungestalt. Dem Herren Ungestalt fehlen die sieben Öffnungen, diese extreme Besonderheit können die beiden anderen unter keinen Umständen ertragen, sie wollen diesen Unterschied beseitigen, der Zeitpunkt, zu dem die Unterschiede eliminiert sind, ist aber der Zeitpunkt von Ungestalts Tod.

Diese Parabel enthält eine Vielzahl von bedeutungsschweren Gegensätzen. Auch die Schriftzeichen für " Ungestalt " haben eine reichhaltige Bedeutung. Hier reicht es jedoch aus, darauf hinzuweisen, dass

1. Ungestalt/Chaos sich auf einen Zustand bezieht, in dem sich Himmel und Erde und die Dinge noch nicht ausdifferenziert haben, die Ordnung noch nicht etabliert ist und die Unterscheidungen zwischen den Dingen noch unscharf ist. Das beinhaltet jedoch zur gleichen Zeit die Möglichkeit einer Entwicklung, bei der die Entwicklungsrichtung aber noch nicht festgelegt ist.

2. Chaos auf eine natürliche Ordnung hinweist, die nicht men-

schengemacht ist und genau aus diesem Grund für viele Menschen auch nicht verständlich ist.

Wenn man diesen Hintergrund versteht, dann kann man auch die grundlegende Bedeutung der unter verfolgten Fragen verstehen.

1. Die aus besten Absichten entstandene Forderung nach Einheitlichkeit ist, selbst wenn sie Gewalt nicht erwähnt, immer direkt auf andere Subjekte gerichtet, da diese ihre eigene, besondere Form der Existenz haben. Wo aber kommt die Legitimität dieser Forderung her? Behindert der Unterschied zwischen Ungestalt und Hastewas und Kannste die Kommunikation zwischen Ihnen? Nein! Behindert der Unterschied die friedliche Koexistenz der drei? Die drei haben ursprünglich nicht nur friedlich koexistiert, sondern haben sich auch noch als Freunde behandelt. Die Tatsache, dass der Autor Zhuangzi den Konflikt über die Differenz in einer derartigen Umgebung plaziert, betont die grundlegende, gleichsam angeborene Bedeutung der Unmöglichkeit zwischen den beiden Seiten zu einem Kompromiss zu gelangen.

2. In der menschlichen Gesellschaft, in der Welt, in der unzählige Individuen selbstbestimmt handeln, was entscheidet darüber dass ein Subjekt ein Subjekt ist? Solange Ungestalt auf seine eigene Art und Weise selbstbestimmt lebt, was sind für Ungestalt die Kernfaktoren, die Ungestalt ausmachen?

Sind es die Tatsache, dass er nicht über die sieben Körperöffnungen verfügt und die Unklarheit der Ordnung, die sein Name impliziert, die ihn daran hindern eine selbstbestimmte Existenz zu sein? Diese Frage betrifft nicht nur Ungestalt, sie betrifft auch

Hastewas und Kannste direkt. In dieser Parabel bedeutet die Negation der Normalität der besonderen Existenz von Ungestalt die Negation seines gesamten Daseins. Die gesamte Existenz von Ungestalt als selbstbestimmtes Wesen hängt davon ab, ob er über die sieben Körperöffnungen verfügt oder nicht. Vergleicht man das mit der wirklichen Welt, so lässt sich sagen, dass Besonderheiten, die zur Auslöschung einer Existenz führen, häufig deutlich kleiner sind, als in unserem Falle.

Tatsächlich ist es so, dass das Vorhandensein oder Nichtvorhandensein der sieben Körperöffnungen keineswegs seine Existenz als selbstbestimmtes Wesen beeinflussen, anslog beeinflusst das auch nicht seine Existenz als Subjekt. Wenn das so ist, was ist dann der Grund dafür, die Körperöffnungen zu bohren? Auf diese scheinbar so einfache Frage kann es jedoch unzählige Antworten geben, und diese können sich durchaus gegenseitig widersprechen, in Konflikt zu einander geraten oder aber neutralisieren.

3. Selbst wenn sich Ungestalt verändern kann und er über reichhaltige Möglichkeiten zur Veränderung verfügt, in welche Richtung muß er sich verändern? Hastewas und Kannste sahen sich kritiklos als das Modell für Ungestalt an, sie nahmen ihre eigene Gestalt als Verkörperung der Universalität und der Ewigkeit an. Gerade hier liegt jedoch die Tiefe der Satire des Zhuangzi: Der Augenblick (Hastewas und Kannste) hat aus einem eingeschränkten guten Willen heraus die ewige Unklarheit (Chaos) getilgt; derjenige, in dem die Vernunft existiert kann nur schwer die von ihm unterschiedlichen "anderen", die noch Entwicklungspotential haben ertragen.

Egal ob es sich um den klassischen chinesischen Aufklärungsgedanken handelt, oder um den europäischen Aufklärungsgedanken, in jedem Fall wird Vernunft zu einem speziell definierten Rationalismus deformiert; und was das letztere angeht, so impliziert *Hundun* (Ungestalt) ursprünglich einen viele Möglichkeiten bietenden Geist, gerade dieses ist es aber, was die Aufklärung aus ihrer Sichtweise ausmerzen will.

4. An dieser Stelle ergibt sich ein Problem, das häufig nicht ausreichend beachtet werden. Wenn der Unterschied zwischen Hastewas und Kannste und Ungestalt zu beseitigen ist, warum ist es dann so, dass bei dem, was es zu verändern gilt umd Ungestalt handelt, warum haben die beiden nicht erkannt, dass die Veränderung auch bei ihnen selbst vorgenommen werden könnte? Einem vergebenden und toleranten Ungestalt wird schließlich von Hastewas und Kannste, die nicht so vergebend und tolerant sind, ein neuer Kommunikationskanal geschaffen, was schließlich zu seinem Tod führt. Eine mögliche Frage hier wäre, ob selbst wenn Ungestalt zugestimmt hat, dass Hastewas und Kannste die sieben Öffnungen bohren, Hastewas und Kannste das Recht dazu hätten das zu tun. Wir lassen hier diese Frage dahingestellt und fragen stattdessen, ob Ungestalt für seinen Tod verantwortlich ist.

In seinem in den 30er Jahren des 20. Jahrhunderts publizierten Buch *Die Krise der europäischen Wissenschaften und die transzendentale Phänomenologie* betont Husserl für die Europäer aus äußerster Sorge um die europäische Krise die Wissenschaft, welche als absolute Idee die Wahrheit der menschlichen Natur wirklich bestimmt, dass die Europäer auf keinen Fall wie die Inder und die Chinesen zum Objekt/

Gegenstand der empirischen Anthropologie hinabsinken dürfen. [1] In Husserls Augen haben China und Indien nur ihre Existenzberechtigung, wenn sie durch die Europäer erforscht werden bzw. wenn sie von ihnen assimiliert werden. Diese Assimilation hat ihren weltweiten Wert.

Im Bereich der Phänomenologie und im Bereich der normalen Philosophie ist Husserl ein großer Entdecker gewesen, seine Lehren im Bereich der reinen Philosophie sind von vielen chinesischen Gelehrten stark beachtet und zum Objekt von vielen Untersuchungen geworden. Aber auf dem Gebiet des Vergleiches der europäischen Zivilisation mit der chinesischen und der indischen Zivilisation ist er auch eine bedeutende Persönlichkeit, die auch vor der Selbstsatire nicht zurückschreckt und einen geradezu komödiantischen Charakter hat. Ich hoffe wirklich, dass es ihm klar war, wo sich die Krise des europäischen Geistes in der damaligen Zeit befand. Letztlich war es sein eigenes Volk, das, nachdem Husserl einen derartigen Standpunkt vertreten hatte, die allumfassendste Assimilation durch den europäischen Geist erlitt, und er selbst hatte für diese umfassende Assimilation die philosophischen Prinzipien zur Verfügung gestellt.

Nun können wir hier, insbesondere als Chinesen, die Verantwortungsebene des Husserlschen Standpunktes außen vor lassen, genauso, wie wir die Verantwortung von Hastewas und Kannste vorübergehend außer Acht lassen können. Es gibt aber eine Frage, die wir keineswegs vermeiden können: Welche Verantwortung tragen wir selbst für einen

---

[1] Husserl, Edmund, *Die Krise der Euopäischen Wissenschaften und die Transzendentale Phänomenologie* (Husserliana Bd. 6), Haag: Martinus Nijhoff 1954, S. 14.

Standpunkt wie den Husserls? Und wir selbst tragen tatsächlich eine
Verantwortung. Das Voranschreiten der Aufklärung umfasst tatsächlich
das Aufscheinen von Selbstsatire und es umfasst auch
selbstzerstörerische Handlungen. Ebenfalls umfasst es einen Prozess
der Zerstörung und schließlichen Vernichtung bei voller Zustimmung.
Aus diesem Grund ist es hier natürlich auch notwendig die folgende
Frage zu stellen: Warum hat sich Ungestalt nicht selbst die Frage gestellt, ob es nicht notwendig gewesen wäre, Hastewas und Kannste die
sieben Körperöffnungen zu verschließen?

Angesichts dieses Phänomens lautet meine Frage nach wie vor,
was eigentlich in letzter Instanz das Subjekt der Aufklärung ist?

Kant sagt, dass das Prinzip der Aufklärung darin liegt, sich mutig
seines Verstandes zu bedienen, obwohl sich der Verstand eines jeden
Menschen voneinander unterscheidet, impliziert dieses Prinzip die folgende Folgerung: Das was die Menschen mutig nutzen, sind unterschiedliche Formen des Verstandes. Es ist offensichtlich, dass das—
obwohl es eine mögliche Schlussfolgerung ist, keineswegs das ist,
worauf Kant hinauswollte. Wenn das aber so ist, dann ist Aufklärung
auch heute noch eine Metapher, die Menschen sind sich keineswegs
ihrer exakten Bedeutung bewusst. Aus diesem Grund besteht das Problem, vor dem wir heute stehen nicht nur darin, die eigentliche Bedeutung von Aufklärung zu finden, sondern auch darin sie zu einem
möglichst transparenten Kontext zu machen, und dafür Sorge zu tragen,
dass dieser Kontext offen bleibt und nicht verschlossen wird.

In diesem Kontext ist eines einigermassen klar: Aufklärung ist keineswegs eine reine Bewegung, die sich über den Verstand aller anderen Menschen erhebt. Sie ist auch nicht die Erziehung einer Gruppe von Menschen durch eine andere Gruppe von Menschen, eines Volkes durch ein anderes oder eines Menschen durch einen anderen. Jedes Individuum ist selbstständig handelnd und sie alle sind damit Subjekt der Aufklärung. Gleichzeitig kann oder sollte ein jedes Subjekt allen anderen Subjekten gegenüber ein kritisches Subjekt sein. Ungestalt ist eine gutherzige und bestimmte Vorstellungen beachtende Existenz, er ist aber kein kritisches Subjekt. Husserl ist ein konstruktiver und kritischer Denker, er hat aber die allgemeine Bedeutung von Kritik dem denkenden Subjekt gegenüber nicht erkannt.

Foucault verwendet seine einschneidenden Anschauungen dazu, um Kants großartige Theorie der Aufklärung in Stücke zu zerschmettern. Von den Rändern der Fragmente dann, hinterfragt er die Bedeutung von Aufklärung. Wie auch immer, Kant hat Aufklärung vor allem als eine Aufforderung zum Handeln verstanden, und nicht nur als ein theoretisches Konstrukt, Foucault hingegen, missversteht sie in erster Linie als eine Art Theorie, ein System. Foucaults selbst so bezeichnete Haltung, sein Ethos und sein philosophisches Leben ist ein Zwischenstück zwischen Theorie und Handlung, und gerade das ist sein blinder Fleck beim Verständnis des selbstbestimmten Subjekts. Aus diesem Grund bleibt seine Kritik ein geschlossenes Ding, seine Perspektive beschränkt sich immer bewusst auf den Raum zwischen ihm und der westlichen Gesellschaft/Geschichte vor ihm.

Ich muss es hier wiederholen: Der Kern der Aufklärung besteht immer in den selbstbestimmten Handlungen eines jeden Menschen.

Aus diesem Grund berühren wir hier auf einer anderen Ebene die Universalität. Jeder einzelne Mensch ist das Subjekt der Aufklärung, er selbst trägt Verantwortung für Aufklärung und treibt Aufklärung voran. Dazu können einige Menschen dann sofort bemerken: Ist das nicht nochmals eine Ungestalt? Und es wird auch schwer zu vermeiden sein, dass sich Husserlsche Angst erneut in Köpfen und Herzen einiger Menschen breitmacht. Obwohl eine derartige Angst immer wieder aufscheinen kann, solange sie nicht für immer zurückkehrt, so ist die hier beschriebene Universalität keineswegs erneut das alles umfassende einer "absoluten Idee", sondern vielmehr der Prozess der Abstimmung zwischen einzelnen selbstbestimmt Handelnden bzw. den von ihnen geformten unterschiedlichen Gruppen. Es ist jedoch auch nicht das von Foucault benannte Nachsinnen über die Frage, wie wir zu etwas geworden sind, dieses Untersuchen und Erforschen der dunklen Spuren von Gesellschaft/Geschichte vor und nach der Aufklärung, es betrifft vielmehr direkt die zukünftigen Aussichten eines jedes Menschen, hinsichtlich der Frage was er selbst sein kann.

Diese Universalität ist nicht fertig hergestellt, sie hängt ab von dem Verhalten eines jeden handelnden Subjekts, unabhängig davon, ob es Handlungsregeln, Modus des Verständnisses und Sprache der Vermittlung beinhaltet oder jede Person sich so sein lässt, wie sie will. Auf diese Art und Weise ist Aufklärung wirklich nicht das Licht, das eine Art von Definitivität beleuchtet, sondern es handelt sich vielmehr um die Suche nach jeder Art von Potential der Menschheit. Wenn wir noch willens sind, Kants Metapher zu verwenden, jeder Mensch ist das

Subjekt der Aufklärung, jeder kann das Tor zu einer Zukunft von noch nicht festgelegten Möglichkeiten öffnen.

(Übersetzung: Iwo Amelung)

La tolérance est l'apanage de l'humanité

Prof. Dr. Andreas Kablitz, Universität Köln

Die Vorstellung von der Existenz eines universellen Rechts, eines Rechtes, das für jeden Menschen, ungeachtet seiner biologischen oder kulturellen Identität und unbeschadet seiner sozialen Stellung oder weltanschaulichen Überzeugung gilt, eines Rechts, das wir um dieser Universalität willen als Menschenrecht bezeichnen, wird gemeinhin und zurecht als eine Errungenschaft der europäischen Aufklärung betrachtet. So war es nur schlüssig, daß die tiefe historische Zäsur, deren Wurzeln im Denken der Aufklärung liegen, daß die Französische Revolution die Forderung nach Gleichheit, den Ruf nach *égalité*, prominent gemacht hat. Der historische Befund, daß es die Aufklärung war, die ein solches universalistisches Konzept der Menschheit hervorgebracht hat, ist insoweit ganz unstrittig. Sehr viel weniger evident scheint mir stattdessen zu sein, worin genau die Voraussetzungen innerhalb des aufklärerischen Denkens bestehen, aus denen diese universalistische Position hervorgegangen ist; und diese Frage betrifft auch die Modalitäten der Begründung bzw. Begründbarkeit eines solchen Menschenrechts. Diese Frage ein wenig zu erhellen, ist das Anliegen des folgenden Vortrags.

Nun scheint eine Erklärung für die Existenz wie die Legitimität der Menschenrechte schon mit einem Begriff gegeben zu sein, den wir häufig zu ihrer Bezeichnung benutzen: Denn wir nennen sie auch ein Naturrecht. Naturrecht will besagen, daß dieses Recht allen positiven Rechtsordnungen, die historisch entstanden, durch Setzung oder Vertrag definiert sind, immer schon vorausliegt. Das Naturrecht bezieht seine Geltung nicht von diesem positiven Recht, vielmehr gilt umgekehrt, daß sich die Legitimität des positiven Rechts an *ihm* zu bemessen hat. Der Begriff des Naturrechts will den Menschenrechten also eine Grundlage besorgen, die in der Natur des Menschen selbst angelegt ist, weshalb alle kulturellen Unterschiede seiner Lebensformen ihre Geltung nicht tangieren können, weil sie ihm eben von Natur aus zukommen. Das Postulat der Natürlichkeit der Menschenrechte ist insoweit vor allem eine Chiffre für die Behauptung seiner unverbrüchlichen Geltung. Dies scheint genau in das Selbstverständnis der Aufklärung zu passen. Es bedurfte, so scheint der Begriff des Naturrechts zu besagen, nur der endlich gefundenen Einsicht in die wahre Natur des Menschen, es bedurfte des Aufräumens mit allen Vorurteilen und allem Aberglauben, um im Lichte der reinen Vernunft seine eigentliche Beschaffenheit und damit seine natürlichen Rechte zu erkennen. Doch bei näherem Zusehen erscheint es durchaus fraglich, ob die Einsicht in die Natur des Menschen wirklich eine solche Garantie zu bieten vermag. Die Natur selbst, d. h. die biologische Verfaßtheit des Menschen, bietet dafür kaum eine Handhabe, lehrt sie doch im Grunde anderes als seine fundamentale Gleichheit. Die Menschen begegnen in ihrer natürlichen Verfaßtheit als Mann und Frau, sie haben unterschiedliche Hautfarbe und Statur, sie sind schwach oder stark, sie sind gesund oder behindert. Um die natürliche, d. h. biologische, Gleichheit der Menschen ist es nicht sonderlich gut bestellt; in der Natur begegnet uns weit eher ihre Verschiedenheit, eine Unterschiedlichkeit, die kaum ein Argument für die Begründung eines für alle gleichen Menschenrechtes zu bieten scheint. Sich auf die Natur zur Begründung des Rechtes zu berufen, ist im Grunde eine äußerst riskante Unternehmung. Denn ließe sich aus dieser Natur nicht ebenso das Recht des Stärkeren ableiten? Die Natur im Naturrecht erweist sich solchermaßen als eine höchst brüchige Sicherung seiner Geltung. Der Begriff ' Naturrecht' versucht den Eindruck zu erwecken, als sei die Geltung dieses Rechtes die Folge eines empirischen Befunds, gewissermaßen eine logische Konsequenz aus der rechten Einsicht in die natürliche Beschaffenheit des Menschen. Doch die Beobachtung der Natur selbst kann diese Voraussetzung nicht bieten. Auch das Naturrecht ist wie jedes Recht das Produkt einer Setzung, worüber dieser Begriff letztlich hinwegzutäuschen sich bemüht. Vermutlich ist deshalb der im Begriff des Naturrechts steckende Versuch, die Normativität einer Rechtssetzung als die Resultante eines empirischen Befunds auszuweisen, im Grunde ein Symptom der Fragilität der Geltung dieses Rechtes.

Wenn es also kaum die rechte Einsicht in die Natur des Menschen sein kann, die dem Menschenrecht seine Grundlage besorgt, was hat dann im Denken der Aufklärung zur Begründung dieses Rechtes geführt? Es liegt nahe, das Prinzip der Vernunft dafür in Anschlag zu bringen, das uns in der Tat in das Zentrum dieses Denkens führt. Denn bekanntlich hat die Aufklärung im Namen der Vernunft eine Deutung der Welt entwickelt, die diesem und nur diesem Prinzip verpflichtet ist, an dem sich deshalb alle Wahrheit entscheidet. Lag es da nicht nahe, diese Vernunft, welche als genuines Merkmal wie als Auszeichnung des Menschen unter allen Lebewesen gilt, eine Vernunft, an der alle Menschen teilhaben, auch zur Grundlage einer universalistischen Anthropologie zu machen? Liefert insoweit der gattungsmäßige Besitz der Vernunft durch das *animal rationale* nicht auch schon die Begründung für ein universelles Menschenrecht? Historisch betrachtet, aber garantiert der Rationalismus als solcher durchaus nicht die Entwicklung einer universalistischen Anthropologie. Wie man weiß, hat nicht erst die Neuzeit ein rationales Modell der Wirklichkeitsinterpretation auf den Weg gebracht. Dies ist vielmehr eine Leistung der griechischen Philosophie in der Antike. Doch werfen wir einen Blick auf das Werk eines maßgeblichen Vertreters dieses Denkens, auf keinen geringeren als Aristoteles, so bemerken wir, daß, aus moderner Sicht durchaus erstaunlich, seine zutiefst vernunftgeleitete Deutung der Wirklichkeit sich umstandslos mit der Feststellung substantieller Unterschiede zwischen den Menschen verträgt. Deutlich wird dies vor allem anhand der von ihm festgehaltenen Verschiedenheit zwischen Hellenen und Barbaren. Denn die Barbaren sind für Aristoteles von Natur aus zur Sklaverei bestimmt, die Griechen stattdessen zur Herrschaft berufen. Bezeichnenderweise ist es also der Begriff der Natur, welcher diesen Unterschied bestimmt. Wie wenig die Definition des Menschen als eines vernunftbegabten Tieres die Bestimmung einer für alle gleichen menschlichen Natur zur Folge hat, beweist im besonderen Aristoteles' Bemerkung, daß weder Frauen noch Kinder noch Barbaren dazu in der Lage sind, zur höchsten Stufe der Tugend zu gelangen—ein Unvermögen, das ihnen wiederum von Natur her eignet. Diese Beispiele mögen genügen als Beleg dafür, daß der Rationalismus aus sich selbst heraus noch keine hinreichende Garantie für das Entstehen einer universalistischen Anthropologie und eine aus ihr folgende Begründung universeller Rechte des Menschen bietet. Was also mußte geschehen, welche Wendung mußte dieser Rationalismus nehmen, bis die Aufklärung im Namen der Vernunft ein natürliches, d. h. unverbrüchliches Recht des Menschen erklärte?

Die These, die ich im folgenden vertreten möchte, besagt, daß erst die kritische Wendung, welche das Konzept der Vernunft am Beginn der Neuzeit nimmt, die Voraussetzung dafür erbrachte. Was aber ist mit der Formulierung 'kritische Wendung der Vernunft' gemeint? Nun, sie zielt auf jenen archimedischen Punkt der Philosophiegeschichte, der mit dem Namen René Descartes' und seiner berühmt gewordenen Formel *cogito, ergo sum* verbunden ist. Denn was ereignet sich hier? Man kann diesen Vorgang als eine radikale Zuspitzung der Skepsis bezeichnen. Die Skepsis selbst, das grundsätzliche Mißtrauen gegenüber der Wahrheit menschlicher Urteile, der Zweifel, daß all unsere Aussagen über die Welt nichts als Täuschung sind, ist uralt. Schon die Antike kennt ja bereits verschiedene Ausprägungen dieser Skepsis gegenüber der Vernunft des Menschen. Doch stets blieb dieses Mißtrauen auf die Eigenschaften der Dinge beschränkt. Daß wir nicht in der angemessenen Weise die Qualitäten dieser Dinge zu erkennen und zu bestimmen vermögen, ist der Inhalt dieses skeptischen Zweifelns. Descartes aber radikalisiert die Skepsis bis zu dem Punkt, daß er auch die Existenz der Dinge hypothetisch in Zweifel zieht. Wie, so lautet seine Frage, läßt sich Gewißheit gewinnen, daß wir uns nicht nur einbilden, daß da etwas ist, daß unsere Annahme vom Vorhandensein von etwas nicht nur einen Effekt unserer Täuschung darstellt? Mit unerbittlicher Konsequenz hat Descartes deshalb alle Quellen unseres Wissens und unserer Erkenntnis einer rationalen Kritik unterzogen, um am Ende diese Gewißheit nur noch in der Selbstbezüglichkeit des Denkens zu gewinnen. *Je pense, donc je suis*—ich denke, also bin ich: Das Sein wird erst in der kritischen Wendung der Vernunft auf sich selbst begründbar. Damit aber ist das Kernanliegen der Philosophie, die Erkenntnis des Seins, von einer rationalen Kritik des Denkens abhängig gemacht; und genau dies bezeichne ich als die kritische Wendung der Vernunft am Beginn der Neuzeit. Von nun an wird das Denken in hohem Maße Kritik sein, und konsequent überkommene Geltungsansprüche in Frage stellen.

Aufklärung ist deshalb stets ein Stück weit ' Kritische Theorie ' - und nicht erst bei denen, die ihre Dialektik erkannt haben. Bekanntlich sollte diese radikalisierte Skepsis keinen anderen Geltungsanspruch so sehr betreffen wie denjenigen der Religionen und vorzüglich des christlichen Offenbarungsglaubens. Es ist nun diese kritische Wendung der Vernunft, die das Denken wesentlich als eine Überprüfung von Wahrheitspostulaten in Erscheinung treten läßt, welche auch, so meine These, maßgeblich an der Entstehung eines rechtlich fundierten Universalismus beteiligt ist. Der Universalismus der Menschenrechte käme demzufolge nicht aufgrund einer Bestimmung positiver Merkmale der Natur des Menschen zustande, sondern ergibt sich vielmehr aus den Begründungsdefiziten, die jedweder Bestimmung seiner Natur anhaften. Die Vorstellung vom Menschenrecht kommt solchermaßen nicht als—im logischen Sinne—positiver Befund in die Welt, sondern gewissermaßen *e negativo*. Sie ergibt sich als eine Konsequenz der Defizite aller Versuche, diese Natur des Menschen näher zu bestimmen. Das Menschenrecht ist deshalb in seinem Kern schlüssigerweise auch eine Garantie von Freiheit, denn Freiheit besteht eben wesentlich in einem Verzicht auf Determination, sie beruht auf einer Vermeidung von Bestimmung.

Zum Beleg meiner These möchte ich auf einen Text zurückgreifen, der sozusagen aus einer Summe des aufklärerischen Denkens stammt, aus der großen, von Diderot und d'Alembert zwischen 1752 und 1770, mit einigen Supplementbänden bis 1780 herausgegebenen *Encyclopédie*, einem gewaltigen systematischen Wörterbuch der Wissenschaften, Künste und des Gewerbes, das den Erkenntnisstand zusammenfassen und repräsentieren möchte, den das *siècle des lumières* bis dahin erarbeitet hat. Genauer gesagt möchte ich einen Artikel aus dieser Enzyklopädie ein wenig genauer untersuchen, der einen für die Aufklärung zentralen Begriff behandelt, den Begriff der Toleranz. Seine Zentralität scheint selbst schon, wie noch zu begründen sein wird, meine These zu stützen scheint, derzufolge die Defizite der Geltungsansprüche einer jeglichen Bestimmung des Menschen die Voraussetzung für die Begründung eines universellen Menschenrechtes bildet. Der Titel meines Vortrags *La tolérance est l'apanage de l'humanité* macht die Bedeutung des Begriffs sehr sinnfällig kenntlich. *Es ist ein Zitat aus Voltaires gleichnamigem Wörterbuch, das so einfach ins Deutsche nicht zu übersetzen ist.* Denn es bedeutet, mit dem bezeichnenden Doppelsinn des französischen Wortes *humanité*, ebenso, daß die Toleranz die Mitgift der Menschheit wie der Inbegriff der Menschlichkeit sei. Was aber ist mit diesem Terminus der Toleranz besagt? Schaut man in einer der maßgeblichen philosophischen Enzyklopädien unserer Tage nach, im *Historischen Wörterbuch der Philosophie*, so findet man dort zu Beginn des einschlägigen Artikels die folgende Definition: *Toleranz ist die Duldung von Personen, Handlungen oder Meinungen, die aus moralischen oder anderen Gründen abgelehnt werden.* Vielleicht ist der Gegensatz von moralischen und anderen Gründen nicht sehr glücklich, denn bei Toleranz denken wir ja nicht nur an das, was wir für ein Übel, sondern vor allem auch an das, was wir für falsch halten. Sie hat es deshalb ebenso mit der Wahrheit wie mit der Moral zu tun und womöglich noch ein wenig mehr mit dem Andersgläubigen als mit dem Raucher. Die zitierte Definition aber beschränkt sich vor allem auf eine Beschreibung der Haltung einer toleranten Person.

Indessen läßt sich die begriffliche Bestimmung der Toleranz wohl konzeptuell noch etwas schärfer fassen. Denn in ihrem gedanklichen Kern ist die Toleranz ein Verzicht auf die Durchsetzung des Geltungsanspruchs einer Wahrheit. Sie hat es deshalb ebenso mit der Wahrheit wie mit der Macht zu tun. Diese Unterscheidung ist nun nicht unwichtig im Hinblick auf die verschiedenen Möglichkeiten einer Begründung von Toleranz. Denn diese Begründungen können ebenso bei der Macht wie bei der Wahrheit ansetzen, sie können funktionaler oder epistemischer Natur sein. Eine solche Differenzierung nimmt sich auf den ersten Blick wie eine jener Begriffsunterscheidungen aus, die einem deutschen Universitätsprofessor so wichtig sind, weil er meint, mit ihnen die Welt ordnen zu können. Im vorliegenden Fall aber erweist sich diese Unterscheidung vielleicht doch als mehr denn bloss eine logische Spekulation. Sie scheint mir in historischer Hinsicht ausgesprochen wichtig zu sein, erlaubt sie doch, das spezifische Profil aufklärerischer Toleranz in den Blick zu rücken. Denn die Toleranz ist ja keine Erfindung des *siècle des lumières*. Schon frühere Epochen kennen sie, und auch dem Mittelalter, so unwahrscheinlich dies für manchen erscheinen mag, ist sie durchaus nicht fremd. Die Scholastiker haben die Toleranz definiert als eine *permissio comparativa*. Etwas wird zugelassen, obwohl es falsch oder schlecht ist, weil die Durchsetzung der Wahrheit Folgen, anders gesagt: Kollateralschäden, verursachen würde, die ein noch schlimmeres Übel hervorbrächten. Hier handelt es sich also um eine rein funktionale, an den Effekten der Machtausübung zur Durchsetzung eines Wahrheitsanspruchs orientierte Begründung von Toleranz. Wir werden sehen, daß die historische Eigenheit der Toleranz in der Aufklärung sich stattdessen gerade aus einer epistemischen Begründung dieser Kategorie ergibt.

Der Beginn des Artikels *tolérance*, den ich Ihnen hier in einer selbstgestrickten Übersetzung präsentiere, lautet wie folgt: *Die Toleranz ist im allgemeinen die Tugend eines jeden schwachen Wesens, dem es bestimmt ist, mit seinesgleichen zusammenzuleben. Der Mensch, der durch seine Intelligenz so groß ist, ist zugleich so beschränkt durch seine Irrtümer und Leidenschaften, daß man ihm gar nicht genug zu Toleranz und Nachsicht zureden kann, deren er selbst so sehr bedarf und ohne die man auf der Erde nur Unruhen und Unstimmigkeiten sähe.* Es ist zumal aus der Sicht unserer Tage bemerkenswert, daß der Artikel einsetzt mit einer Bestimmung der Toleranz als einer Erscheinungsform von Schwäche. Aufgerufen aber sind damit die Prinzipien einer für das *Ancien Régime* in der Tat maßgeblichen, letztlich aristokratischen Moral, in der Tugend und Stärke voneinander nicht zu unterscheiden waren; um so sichtbarer aber werden damit sozusagen die Hemmschwellen, die es zu überwinden galt, um der Toleranz Gehör zu verschaffen.

Nicht minder bemerkenswerter ist der Fortgang des zitierten Eingangs des Toleranz-Artikels der *Encyclopédie.* Denn er stellt ganz unvermittelt den Adel des Menschen, den er seiner Vernunft verdankt, seiner Schwäche gegenüber, die aus derselben Vernunft, nämlich ihrer Irrtumsfähigkeit resultiert. Es sind diese Defizite humaner Vernunft, welche nun sehr konsequent zum entscheidenden Argument für die Unverzichtbarkeit der Toleranz ausgebaut werden. Ich zitiere noch einmal den *tolérance*-Artikel der *Encyclopédie: Ich nähere mich, so sagt sein Verfasser, unserem Gegenstand durch eine sehr einfache Überlegung, die indessen in hohem Maße für die Toleranz spricht und die besagt, daß unser Verstand keinen genauen und bestimmbaren Maßstab kennt: Darum ist das, was dem einen als evident erscheint, für den anderen oft nur undurchsichtig; denn Evidenz, so weiß man, ist nur eine relative Eigenschaft.* Dies ist eine höchst beachtliche Kritik der Leistungsfähigkeit menschlicher Vernunft, denn sie erklärt den Irrtum letztlich zur Unvermeidlichkeit. Bestätigt wird diese Annahme in der folgenden Analyse eines jeden *raisonnements*: *Wir verfügen, es ist wahr, so heißt es, über gemeinsame Axiome, über die man sich schnell verständigt. Aber diese ersten Prinzipien des Denkens sind gering an Zahl, und die Schlußfolgerungen, die daraus zu ziehen sind, verlieren immer mehr an Klarheit, je mehr sie sich von diesen Prinzipien fortbewegen, wie die Gewässer, die sich eintrüben, wenn sie sich von ihrer Quelle entfernen.* Das ist eine ganz andere *Dialektik der Aufklärung* als diejenige, welche die sich ' kritisch ' nennende Theorie ihr bescheinigt hat. Denn so unanfechtbar es ist, daß der kompromisslose Glaube an die Vernunft Blindstellen erzeugt hat, welche totalitäre Züge aufklärerischen Denkens hervorbringen sollte, so anschaulich tritt uns doch hier stattdessen das kritische Bewusstsein für die Mängel derselben Vernunft entgegen, die alle Nobilität des Menschen begründet. Wenn die aufklärerische Vernunft in hohem Maße als eine Instanz der Kritik in Erscheinung tritt, so sind hier gewissermaßen die Konsequenzen aus diesem Vernunftbegriff gezogen. Das permanente Erfordernis der Kritik aller Geltungsansprüche mündet in eine Analyse der Vernunft, die ihr Fehlbarkeit als einer ihrer ureigensten Eigenschaften attestiert. Es ist diese skeptische Einsicht in die kritische Vernunft, welche an der Wiege der Begründung einer universellen Ordnung der Menschenrechte steht. Sie ist geboren aus dem Vorbehalt gegen die rationale Begründbarkeit einer jeden Definition der Natur des Menschen und findet darum in der Garantie von Freiheit, in der Sicherung von Selbstbestimmung einen Ausweg aus diesem Dilemma—eine Lösung, die freilich in letzter Konsequenz einer Suspension des Wahrheitsprinzips für alle Lebensformen gleichkommt.

Die Vorstellung von der Gleichheit der Menschen ist keine Erfindung des Zeitalters der Aufklärung. Ihre wohl mächtigste Bastion besaß sie längst zuvor im Glauben an einen Schöpfergott, der die Menschen nach seinem Bild gleich geschaffen hat. Schon hier war es die Vernunft, welche diese Ebenbildlichkeit des Menschen und ihre daraus folgende substantielle Gleichheit begründete, denn als deren Grundlage hat die Theologie eben die Ausstattung des Menschen mit seiner Vernunft verstanden. Alle Unterschiede der Lebensformen erscheinen darum als bloss kontingent, als akzidentell und folglich für die Natur des Menschen belanglos galten. Freilich blieb diese Gleichheit der Menschen gewissermaßen folgenlos, wenn sie nicht von der Anerkenntnis desjenigen begleitet wurde, dem sie geschuldet war. Anders gesagt, damit Gottes Geschöpfe in ihre Rechte als Gottes Kinder gesetzt werden konnten, damit sie das Heil erlangen konnten, bedurfte es des Glaubens an den einen Gott, der sie gemacht hat. Die Gleichheit von Gottes Geschöpfen ist deshalb mehr noch als eine Gegebenheit eine Gelegenheit, sie ist die Eröffnung der Möglichkeit, dem göttlichen Anspruch gerecht zu werden. In unverkennbarer Klarheit ist dies im Prolog des Johannesevangeliums formuliert: *Er kam in sein Eigentum, doch die Seinen nahmen ihn nicht auf. Denen aber, die ihn aufnahmen, gab er Gelegenheit, Kinder Gottes zu werden.* Die kreatürliche Gleichheit ist insofern nur eine Voraussetzung für das Vermögen, von Gott als ein solches Geschöpf angenommen zu werden—eine Möglichkeit, die Gott den Menschen durch seine Heilstat eröffnet hat, deren Einlösung indessen von ihrem eigenen Verhalten abhängt. Die Aufklärung hat mit den Menschenrechten, so scheint mir, diese Beziehung zwischen Gegebenheit und Gelegenheit im Grunde umgekehrt. An die Stelle einer für alle gleichen und durch den Schöpfungsakt bestimmten Natur des Menschen hat sie stattdessen sein Recht gesetzt, seine Lebensform selbst zu bestimmen. Und weil diese Möglichkeit als ein Recht verbrieft wird, beruht sie nicht auf einem natürlichen Befund, sondern auf einer Setzung. Was in dieser Konstruktion in nachgerade stupender Weise gelingt, ist die Vermittlung von Gleichheit und Verschiedenheit. Denn die Gleichheit der Rechte geht einher mit einer großen Vielfalt der faktischen Lebensverhältnisse und—umstände. Das Menschenrecht besteht darum wesentlich in einer Freiheit von Bestimmung. Indessen sollten wir über den emphatischen Begriff der Freiheit nicht den zutiefst skeptischen Grund dieser Konzeption übersehen. Die Definition von Menschenrechten beruht zu erheblichen Teilen auf dem Zweifel, daß es ein wahre, daß es die, ja daß es eine richtige Form des Lebens gibt. Dies macht ihre Stärke, aber auch ihre Schwäche aus. Es ist eine solche, skeptische Haltung gegenüber einem jeden Lebensentwurf, welche der Toleranz in der Aufklärung ihr spezifisches Profil verleiht und ihr zugleich eine zentrale Stellung zukommen, ja sie zum Inbegriff der Menschlichkeit geraten ließ. Denn wie sagte Voltaire? *La tolérance est l'apanage de l'humanité.*

Aufklärung in China, wozu?

Prof. Dr. Huang Liaoyu, Peking Universität

Verehrte Frau Bundesministerin,

Verehrter Herr Botschafter,

Verehrter Herr Präsident,

Meine Damen und Herren!

Neun Jahrzehnte sind vergangen, seitdem mit der Bewegung des 4. Mai die Geburtsstunde der Aufklärung des modernen Chinas geschlagen hat. Wenn wir davon ausgehen, daß uns Chinesen in diesen 90 Jahren passiert ist, was die Europäer in ihrem *siècle des lumières* erlebt haben, so muß gleich bemerkt werden, dass, während die Europäer mit Stolz und Gewissheit auf ihre Epoche der Aufklärung zurückblicken, es für uns Chinesen beim Rückblick auf unsere geistige Befreiungsbewegung noch viele Unsicherheiten, viele Fragen und Ambivalenzen gibt—trotz unserer positiven Grundeinstellung. Die Fragen, die bei den Diskussionen über die Aufklärung des modernen Chinas immer wieder gestellt werden, sind zum Beispiel die folgenden: Ist der Prozeß der Aufklärung des modernen Chinas bereits abgeschlossen oder nicht? Wie sollte sie phasiert werden? Was für Nutzen

und Nachteile hat sie für uns? Ist eine neue Runde Aufklärung nötig?
Mich persönlich beschäftigt dabei hauptsächlich die Frage, was durch
diese 90 Jahre lange Aufklärung, die fast gänzlich aus importierter geistiger Nahrung aus Europa gespeist wurde und wird, aus dem konfuzianischen Chinesen geworden ist, wie man—als Kulturvermittler ist man
sich des Fremdblickes stets bewusst—im Ausland den aufgeklärten
Chinesen sehen würde. Bevor ich diese Frage erörtere, muß zweierlei
vorausgeschickt werden. Erstens: Ich halte mich bei der Phasierung
der chinesischen Aufklärungsgeschichte an die Drei-Phasen-Theorie
meines hochgeachteten Kollegen Han Shuifa. Die drei Phasen, von
denen er spricht, sind nämlich die Aufklärung der Bewegung des 4.
Mai, die nach der Gründung der Volksrepublik China—ich würde sagen: institutionalisierte—marxistische Aufklärung und die mit der
Öffnung Chinas ins Werk gesetzte nach-marxistische Aufklärung.
Zweitens: Da wir uns noch mitten in der dritten Aufklärung befinden,
da uns infolgedessen der nötige Zeitabstand fehlt, um ihre Folgen und
Auswirkungen abzuschätzen, spreche ich heute nur über die ersten
zwei Phasen.

Meine Damen und Herren, ich bin Germanist und Thomas Mann-
Verehrer. Bitte lassen Sie mich beginnen mit einer kleinen Bemerkung
über den *Zauberberg*. Dass dieser Roman in einer Diskussion über die
Aufklärung erwähnt wird, ist alles andere als abwegig, zumal er auf
eine subtile und hinreißende Art das Schicksal der klassischen
Aufklärung am Ende des ausgehenden bürgerlichen Zeitalters, also
ihren Kampf an zwei Fronten—zum einen gegen die alten und zum anderen gegen die neuen Gegenmächte—dargestellt hat. Da ich neulich

beim Wiederlesen besonders auf diesen Kampf geachtet habe, ist mir eine wenig beachtete Nebenfigur aufgefallen. Gemeint ist Dr. Ting-fu, der einzige Chinese in Thomas Manns figurenreicher und ethnisch vielfältiger Kunstwelt, der infolge seiner werkimmanenten Marginalität kaum einen Inlandsgermanisten interessiert, und von dem der an China-Bezügen interessierte chinesische Germanist wiederum leicht abgelenkt wird durch Settembrinis wortreiche Warnungen und Attacken gegen Asien und die Philosophie des Nichtstun. Mich hat Dr. Ting-fu deswegen beeindruckt, weil sich dieser komische Chinese, der immer wieder kichert, auf einer der im vor-vorletzten Unterkapitel geschilderten okkultistischen Sitzungen als ein nüchterner, wenn auch pietätloser Mann erwiesen, weil er dabei wie ein Spielverderber fungiert hat. Da hat er nicht allein die Vermutung, der so geachtete wie gefürchtete Spiritus Holger sei ein Dieb gewesen, ausgesprochen und sich lustig gemacht über Holgers Eitelkeit—nicht ganz unrecht; viel mehr ist er, als bei ausgedrehtem Licht die Sitzungsteilnehmer in tausend Ängsten vor einer mysteriösen fremden Hand schwebten, der einzige gewesen, der "den gesunden Gedanken faßte, das Deckenlicht einzuschalten, so daß alsbald das Zimmer in Klarheit lag." So konstrastiert Dr. Ting-fu als Teilnehmer an der okkultistischen Sitzung einerseits mit dem Staatsanwalt Paravant, der "eine derbe Backenpfeife aus der Transzendenz empfangen und mit wissenschaftlicher Heiterkeit quittiert" hat; der Jurist hätte sich, wie uns der Erzähler versichert, anders verhalten, wäre dieser Streich vitaler Herkunft gewesen. Andererseits erinnert Dr. Ting-fu mit seinem Vertrauen zum Licht an Settembrini, weil dieser sich nie deutlicher als Aufklärer zu erkennen gegeben hat als bei jenem

Abendbesuch bei dem bettlägerigen Hans Castorp, wo er bei noch of-
fener Tür schon das Deckenlicht eingeschaltet hat ⋯

Meine Damen und Herren, ich habe diese Wanderung zum *Zauberberg* unternommen, nicht um einem Dichter meine Bewunderung zu
zollen, der trotz seinem auffälligen—man denke an seine Dichterkol-
legen wie Hesse oder Döblin—Desinteresse für chinesische Kultur und
trotz seiner umstrittenen leitmotivisch-leichtfertigen Abspeisung der
Nebenfiguren einen aus meiner Sicht typischen Chinesen erfunden hat;
und wenn ich Dr. Ting-fu einerseits dem ins Transzendentale
entrückten Juristen gegenüberstelle und andererseits in die Nähe von
dem lichtfreudigen Settembrini rücken lasse, so tue ich es nicht in der
Absicht, meinen fiktiven Landsmann zu stilisieren. Viel mehr geht es
mir darum, Sie aufmerksam zu machen auf ein um die Jahrhundert-
wende typisches Chinesenbild zum einen und auf das vielleicht delikate
Verhältnis der Chinesen zur Welt der europäischen Aufklärung zum anderen. Aber warum delikat?

Meine Damen und Herren, ich denke, ich werde nicht auf allgemeinen Widerspruch stoßen, wenn ich sage—ich sage es weder mit
Stolz noch mit Inferioritätsgefühlen—, daß die chinesische Welt eine
Welt der Immanenz oder eine Welt ohne Transzendenz ist, und daß wir
Chinesen ein angeborenes Unverhältnis oder Mißverhältnis zum Tran-
szendentalen haben. Es sind doch die Europäer, die das offene Gehe-
imnis als einen Wesenszug des chinesischen Geistes, ja des Chinesen-
tums überhaupt, entdeckt haben—mehr mit Verwunderung und Ver-
achtung als mit Hochachtung und Bewunderung. In diesem Zusammen-
hang muß ich Hegel nennen, weil er einer der einflußreichsten

Verächter der chinesischen Bodenständigkeit ist, und weil er beispielsweise durch seine in der *Philosophie der Geschichte* über das Chinesentum harte Urteile gefällt hat, die bei uns Chinesen so etwas wie geistige
Gehirnerschütterung verursacht hat, von der die Sensiblen schwerlich
erholen können. Was man dabei nicht so leicht verschmerzen kann, ist
die Hegelsche Diagnose der philosophischen Inkompetenz der Chines-
en. Überdies ist es auch beunruhigend für uns zu sehen, dass Hegel
gar nicht einsam war und ist mit seinem Zweifel an der Bereitschaft und
Fähigkeit der Chinesen zu geistigem Aus- und Aufflug. Die Frage, ob
man die chinesische Philosophie in Anführungszeichen setzen solle,
gehört zu den ersten und letzten Fragen der westlichen Sinologie und
hat infolgedessen bis heute auch nicht an Aktualität verloren.

Eines müssen wir Chinesen untereinander auch zugeben: Wer mit
der abendländischen Philosophie in Berührung gekommen ist, wird
schon mehr oder weniger Verständnis haben für den Unbehagen, den
die Abendländer an der hauptsächlich vom Konfuzianismus geprägten
chinesischen Philosophie und der chinesischen Kultur überhaupt
empfinden. Unsere Philosophie oder Philosophie in Anführungszeichen
ist tatsächlich gekennzeichet durch die Rarität bzw. Abwesenheit dessen, was vom Empirischen abstrahiert und abgehoben ist. Vermißt in
der chinesischen Philosophie sind nicht nur der Tod und der Teufel,
sondern auch die Ideenlehre, die Willensmetaphysik und der Hinweis
auf das Ding an sich. Die Versuchung, den philosophischen Rigorism-
us der Abendländer uns gegenüber zu bejahen, ist sehr groß. In
Wirklichkeit gibt es schon chinesische Philosophen, die dieser Versuchung erliegen. Stimmt, wie könnte man in einer Welt ohne Innerlich-

keit und Transzendenz, wie könnte man in einer Welt ohne Tod und Teufel philosophieren? Der Tod zum Beispiel, den Schopenhauer als den eigentlichen inspirierenden Genius oder den Musageten der Philosophie bezeichnet, steht seit Jahrtausenden draußen vor den Toren des Palastes des chinesischen Denkens, ohne Einlaß zu erlangen. Der das philosophische Hausverbot für den Tod verhängt hat, ist kein Geringerer als Konfuzius, und zwar mit dem Argument: Wie sollte man den Tod kennen, wenn man noch nicht das Leben kenne? Mit Konfuzius fängt es also an, daß zum Gegenstand der Betrachtung chinesischer Geister nur werden kann, was im Leben und auf Erden passiert und existiert; Konfuzius ist also der Begründer einer Tradition, durch die wir Chinesen das geworden sind, was mitunter bei den Europäern ein Kopfschütteln hervorruft. In ihren Augen sind wir nämlich zu sehr Empiriker, Pragmatiker, Ethiker, Utilitaristen, Materialisten, Atheisten ···

Meine Damen und Herren, so fremdartig und befremdlich die chinesische bzw. konfuzianische Mentalität dem Europäer erscheint, so leicht erkennbar ist doch die Verwandtschaft zwischen gewissen Grundzügen der chinesischen Tradition und einigen Grundwerten der europäischen Aufklärung, zu denen nicht zuletzt Gleichheit, Toleranz, praktische Vernunft und Diesseitsgewandtheit zählen. Ich nenne Ihnen hier ein paar "aufklärerische" Züge der chinesischen Geschichte: Erstens ist China von alters her keine Ständegesellschaft, sondern eine offene. Ein gescheiter Bauernsohn, der sich bei der Kaiserlichen Prüfung hervorgetan hat und dadurch des Kaisers Schwiegersohn geworden ist, hätte im alten Europa höchstens im Märchen begegnen können; im

Reich der Mitte hingegen ist diese märchenhafte Metamorphose eine wenn nicht alltägliche, so doch menschenmögliche Erfahrung. Zweitens: Die religiöse Toleranz ist eine Selbstverständlichkeit für uns Chinesen. Wir sind ein gottfernes bzw. gottloses Volk und tolerieren aus religiöser Indifferenz Gläubige unterschiedlicher Provenienz. Religiös motivierte Verfolgungen hat es hierzulande nicht gegeben, aus rein religiösen Gründen sind weder Taoisten noch Buddhisten, weder Gläubige noch Abergläubige verfolgt worden. Außerdem ist ein Konfuzianer, der ein gutes Verhältnis zur taoistischen oder/und buddhistischen Welt unterhält oder ein wenig Aberglauben hat, ist auch keine Seltenheit gewesen. Das Wunder der Dreieinigkeit ist ein zugleich irritierendes und faszinierendes Merkmal des Konfuzianers. Zum Dritten ist das ganze Tun und Trachten der chinesischen Geister darauf gerichtet, ein glückliches, harmonisches und wohlgeordnetes Gesellschaftsleben zu errichten.

Meine Damen und Herren, ich weiß nicht, was Ihnen jetzt durch den Kopf schießt. Aber ich sehe bei der Porträtierung des konfuzianischen Chinesen einen klassischen europäischen Aufklärer vor meinem inneren Auge. Und ich befürchte sogar, daß die parodierte Aufklärungskritik im *Zauberberg* auf China übertragen werden könnte. Sie lautet nämlich: "Es ist Philisterei und blosse Ethik, irreligiös." (747) (522) Oder mit einem Wort: "Schäbige Lebensbürgerlichkeit" 699 (488).

Meine Damen und Herren, mit dem Begriff der Lebensbürgerlichkeit möchte ich darauf hindeuten, dass die frappante Ähnlichkeit zwischen der konfuzianischen und der aufklärerischen Welt eigentlich aus hochgradiger geistiger Verwandtschaft zwischen dem Träger der konfuzianischen Kultur, also den Mandarinen, und dem der europäischen Aufklärung, nämlich dem Bürgertum, resultiert. Die diesseitige Lebensorientierung ist nicht das einzige, was den konfuzianischen Chinesen und den europäischen bzw. deutschen Bürger verbindet. Dieser und jener ähneln einander auch in den Verhaltensnormen, den Lebenseinstellungen und Lebensformen. Die Charakteristika des deutschen Bürgers, die beispielsweise von Jürgen Kocka zusammengefasst sind, passen überraschenderweise zum großen Teil auch zum Konfuzianer. Zum Beispiel: Hochachtung vor Bildung und Leistung, Ansprüche auf soziales Ansehen und politischen Einfluß, eine positive Grundhaltung gegenüber regelmäßiger Arbeit, eine typische Neigung zu rationaler und methodischer Lebensführung, zur Kontrolle der Emotionen und zur Disziplin, der Familiensinn, die Pflege der Hochkultur (hier Oper-, Konzert- und Museumsbesuche, dort Gedichte schreiben, malen und kalligraphieren) und der gute Ton (Höflichkeit und Bescheidenheit im Umgang mit den Mitmenschen). Insofern kann man ruhig sagen, daß der konfuzianische Chinese ein im europäischen Sinne Aufgeklärter ist.

Meine Damen und Herren, ich vermute, einige von Ihnen fragen schon im Stillen: der konfuzianische Chinese—gibt es ihn noch? Das ist auch eine Frage, die wir uns immer wieder stellen. Denn die Geschichte der chinesischen Aufklärung ist dermaßen eine Geschichte der Entkonfuzianisierung gewesen, daß wir zuweilen den Eindruck haben, daß der konfuzianische Chinese auf dem Kontinent nicht mehr existiere, daß er höchstens auf unserer Insel Taiwan zu finden sei. Also zum konfuzianischen Chinesen. Statt mich auf die Suche nach dem konfuzianischen Chinesen zu machen, möchte ich einen kurzen Rückblick machen auf die geistigen Einflüsse aus dem Westen, denen er im Prozeß der Aufklärung ausgesetzt ist.

Die Aufklärung hat zunächst dem konfuzianischen Chinesen, der bis dahin nur als soziales Wesen, der nur im Netz seiner gesellschaftlichen Beziehungen existiert hatte, den Begriff der Individualität und den der autonomen Vernunft des Individuums vermittelt. Ungehorsam gegen den Staat oder die Eltern, der in der konfuzianischen Tradition einem Verbrechen gleichkommt, hat es im alten China nur in Ausnahmefällen gegeben. Seit der Bewegung des 4. Mai faßt er Mut, Vater, Mutter und Familie Gehorsam zu verweigern und sich gegen sonstige äußere Autoritäten zu behaupten. Der konfuzianische Chinese ist zum ersten Mal als Individualist, Rebell und Kämpfer aufgetreten.

Mit dem Erwachen des Selbstbewußtseins ist der konfuzianische Chinese kritisch und kritikfähig geworden. Was der neugeborene Kritiker als erstes praktiziert, ist radikale Selbstkritik, die an Selbsthaß, Selbstverleugnung und Selbstauslöschung grenzt. Was die kirchlichen Dogmen und der Despotismus für die Europäer des 18. Jahrhunderts waren, das war der Konfuzianismus für die Chinesen in den ersten Jahrzehnten des 20. Jahrhunderts. Nur hat dieser mit mehr Wut und Wucht die Fesseln der verhaßten Tradition von sich geworfen. "Nieder mit dem Konfuzius-Laden!" gehört wie "Totale Verwestlichung!" zu den Parolen, die während der Bewegung des 4. Mai am lautesten ausgerufen wurden. Der Wille zur Verwestlichung ist einmal so stark geworden, daß auch diejenigen, die die chinesische Schrift latinisieren wollten, ihre Stimme erhoben haben. Der Nationalnihilismus ist es, was die Physiognomie des aufgeklärten konfuzianischen Chinesen tragikomische Züge hat annehmen lassen.

Auf die Götzendämmerung des Konfuzianismus folgt ein neuer Personenkult, ein Kult mit zwei Herren aus dem Westen. Der eine ist Mister D. (Democracy), der andere ist Mister S. (Science). Sie sind die neuen Heiligen und gelten als Retter Chinas. Die Frage, wer von den beiden uns mehr geholfen habe, oder wem von ihnen mehr Reverenz erwiesen worden sei, bleibe dahingestellt.

Mit der Verehrung des Mister S hat der konfuzianische Chinese aufgehört, in rein lyrischem Verhältnis zur Natur zu stehen. Er sieht sich genötigt, die Gesetze der Natur zu erkennen und ihnen zu gehorchen; gleichzeitig pürt er das nie gekannte Verlangen, das quasi faustische Verlangen, die Natur zu erobern und zu beherrschen. Damit ist das konfuzianische Ideal der harmonischen Vereinigung mit der Natur in Vergessenheit geraten. Angesichts beunruhigender Umweltprobleme wird dieser Gesinnungswandel zunehmend negativ bewertet.

Die Aufklärung des konfuzianischen Chinesen begann einerseits im Zeichen nationaler Erniedrigung und Empörung, andererseits im Zeichen des Willens zum nationalen Wiederaufstieg. Seine Bescheidenheit und Lernwilligkeit gegenüber dem Westen hängt mit einer uralten chinesischen Weisheit zusammen: Der Stärkere habe recht. Infolge verschiedener zeitgeschichtlicher Hintergründe und rezeptiver Voraussetzungen sind die geistigen Waffen der chinesischen Aufklärer moderner und schärfer als die der europäischen. Zur chinesischen Aufklärung dienen nicht nur die Enzyklopädisten und die Geister des 18. Jahrhunderts, sondern auch diejenigen, die im 19. Jahrhundert das Projekt Aufklärung in Europa fortführen. Die Aufklärer der Bewegung des 4. Mai favorisieren auffallenderweise die großen europäischen Kritiker, Entlarver und geistigen Umstürzler des 19. Jahrhunderts wie Darwin, Marx und Nietzsche.

Mit der Gründung der Volksrepublik China ist der Marxismus, der während der Bewegung des 4. Mai mit anderen westlichen geistigen Strömungen zusammen gekommen war, zur Staatsphilosophie erhoben worden. Damit begann die institutionalisierte marxistische Aufklärung in China, die erklärtermaßen anti-feudal und anti-kapitalistisch ist und folglich die Entkonfuzianisierung und die Kapitalismuskritik zu ihren pädagogischen Hauptaufgaben zählt. Daß diese Jahrzehnte lange andauernde geistig-politische Bewegung nicht ohne Erfolg ist, sieht man hinterher, d. h. nach der Öffnung Chinas und der Einführung der sozialistischen Marktwirtschaft, deutlicher. Beispielsweise gibt es immer mehr Leute, die die konfuzianische Gelehrsamkeit, Bescheidenheit und Höflichkeit vermissen—aus dieser Nostalgie, aus dieser Tendenz des *back to roots* erklärt sich die große Popularität, der sich die koreanischen und die taiwanischen Fernsehserien mit ihrer Darstellung der konfuzianischen Familienverhältnisse hier auf dem Kontinent erfreuen. Andererseits läßt sich doch bei genauerem Hinsehen feststellen, daß der konfuzianische Chinese nicht ausgestorben ist, und daß sein Grundzug, der Materialismus nämlich, durch die marxistische Aufklärung nicht geschwächt oder gar aufgehoben, sondern verstärkt und verfeinert worden ist. Denn ihm ist zunächst durch den historischen Materialismus der Begriff der geschichtlichen Entwicklung vermittelt worden. Da hat er gelernt, daß sich die Geschichte nach ihren eigenen, vom Willen der Menschen—von dem des Einzelnen ganz zu schweigen— unabhängigen Gesetzen entwickelt, daß das Rad der Geschichte nicht zurückdrehen läßt, und dass man den Gang der Geschichte ohne Sentimentalität und moralische Aufgeregtheit beobachten soll. Zum zweiten ist sein Blick durch die marxistische Enthüllung des vexatorischen Verhältnisses von sozialem Sein und sozialem Bewusstsein, von Basis und Überbau geschärft worden für den Primat des Willens im Denken, Reden und Handeln sowohl des Einzelmenschen als auch der sozialen und der staatlichen Gebilde, und seinem geschärften Blick entpuppt sich der Intellekt immer häufiger als das gefällige Dienstmädchen des Willens. Zum dritten ist er durch die marxistische Religionskritik, die die Religion rundweg als das Opium für das Volk bezeichnet, in größere Gottesferne gerückt. Es sollte übrigens geklärt werden, ob der für das Chinesentum untypische Religionshaß, der in der Kulturrevolution zur bilderstürmerischen Barbarei und zur barbarischen Tempelzerstörung geführt hat, auf der einen Seite etwas zu tun hat mit dem Haß gegen den Aberglauben, dessen grauenhaften Folgen ein Hauptthema im Werk unserer aufklärerischen Dichter seit der Bewegung des 4. Mai (Sprichwort: Lu Xun) darstellen, ob er auf der anderen Seite von unserem schmerzenden historischen Gedächtnis aus der Neuzeit herrührt (Sprichwort: Opiumkrieg). Aber was man hierzulande dem Marxismus am meisten zu verdanken hat, ist meiner Meinung nach die Kritik am Kapitalismus, die ein Land auf das, was als übersprungen und überwunden galt, und was trotzdem kommen sollte, vorbereitet hat: den Geist und die Praxis des Kapitalismus. In der

Maozeit, wo man in einem abgeschlossenen sozialistischen Land ohne Ausbeutung und Unterdrückung lebte und freilich nicht wußte, was in den damaligen amerikanischen oder europäischen Fabriken passierte, wurde die marxistische Kapitalismuskritik im Dunst der Abstraktheit rezipiert wurde. Das Kapital kommt, von Kopf bis Zeh aus allen Poren, blut und schmutztriefend, zur Welt: Las ein Chinese der Maozeit das berühmte Wort aus dem *Kapital*, bewunderte er mehr Marxens dichterisch-rhetorisches Talent als dessen sozialkritischen Scharfblick; einem Chinesen der Nach-Maozeit wird es ganz anders gehen, wenn er auf diesen Satz stößt. Denn heute weiß und sieht man endlich, was der Manchester Kapitalismus ist, was Klasse und Klassenbewusstsein und Klassenkampf bedeutet; heute versteht man auch besser, warum Marx und Engels mit heiligem Zorn die Sünden des Geldes verfluchen.

Meine Damen und Herren, durch die marxistische Kapitalismuskritik ist der konfuzianische Chinese nicht dem Kapitalismus entfremdet oder gar für ihn verdorben. Viel mehr hat er im Rahmen der sozialistischen Marktwirtschaft und innerhalb von zwei, drei Jahrzehnten kapitalistische Leistungen erbracht, die auch in der alten, Jahrhunderte alten kapitalistischen Welt Anerkennung finden. Das ist erklärungsbedürftig, das lässt sich aber unschwer erklären. Die Welt, in der wir nun eng miteinander leben, ist eine entzauberte und entmystifizierte, eine profanisierte und prosaisch gewordene Welt, kurz, sie ist eine für den Kapitalistmus geschaffene Welt. Dass der diesseitsorientierte, bodenständige und prosaisch denkende konfuzianische Chinese in dieser Welt wie in seinem Element ist, wird einem schon einleuchten, wenn man ein bisschen Ahnung vom Kapitalismus hat. Der konfuzianische Chinese der Gegenwart ist zufrieden mit der Welt und mit sich selbst, wie er es lange nicht mehr war. Und seine Zufriedenheit ist sowohl materieller als auch geistiger Natur. Aber die Welt ist unzufrieden mit ihm. Darunter leidet er schon ein bisschen. Er ist wirklich verwirrt und irritiert durch die Kritiken und kritischen Fragen aus dem Westen, die sich von Tag zu Tag vermehren und verschärfen, die ihm gleichzeitig immer unverständlicher und erklärungsbedürftiger erscheinen. Denn er glaubt zunächst, dass er keinem seiner globalen Partner schadet und schaden wird, daß durch seine erfolgreiche Praxis der sozialistischen Marktwirtschaft viele Win-Win-Situationen geschaffen werden, und dass China bereits in hohem Grade in das kapitalistische Weltsystem integriert worden ist. Davon zeugen sowohl die Anziehungskraft des Standortes China als auch die wachsende Sichtbarkeit des Made in China im Westen. Zum anderen weiß er, daß die heutige Welt die Schöpfung oder—wenn das Wort auf der konnotativen Ebene fehl am Platz wäre—das Werk der europäischen Aufklärung ist, dass er, indem er diesseitsorientiert bleibt, seinen prosaischen Verstand beibehält und an den Prinzipien der Gleichheit und des gegenseitigen Nutzens festhält, auch im Geiste der Aufklärung lebt und schafft. Und wenn seine Fortschritts- und Zukunftsgläubigkeit ein wenig über das Durchschnittsniveau der klassischen Aufklärer hinausgeht, dann liegt es an seiner Aufklärung durch den dialektischen und den historischen Materialismus. Er ist nämlich überzeugt, daß der Überbau durch die Basis bedingt ist, und daß mit der rasanten Wirtschaftsentwicklung auch zivilisatorische, politische und moralische Fortschritte gemacht werden können oder müssen.

Meine Damen und Herren, der heutige konfuzianische Chinese ist betroffen vom Hagel westlicher Kritik, die sowohl vom Lager der Idealisten als auch von dem der Materialisten zu kommen scheint. Diese versuchen, durch die Infragestellung der Globalisierbarkeit der Wohlstandsgesellschaft ihn vom seinem Entschluß zum Glücksstreben abzubringen. Durch derartiges Zureden ist der konfuzianische Chinese total konfus, weil er selber nie gefragt hat und nie fragen wird, ob man noch lebe, wenn andere lebten, oder ob man gut lebe, wenn andere gut lebten. Derartige Fragen hätten höchstens stammen können von einem für das Chinesentum untypischen Denker wie Xun Zi, der wie Thomas Hobbes von der Schlechtigkeit der menschlichen Natur, nämlich vom "Homo homini lupus" überzeugt ist, und dessen Stimme bisher wenig Gehör gefunden hat. Die Kritik vom anderen Lager, die idealistische nämlich, klagt wiederum über die Irreligiösität und den Materialismus des konfuzianischen Chinesen.

Meine Damen und Herren, der konfuzianische Chinese ist lernselig, aufnahmefähig und harmoniebedürftig. Doch wenn er die vielen Klagen und Kritiken aus dem Westen liest, kann er trotz redlicher geistiger Anstrengungen nicht kapieren, was man überhaupt von ihm wolle. Er weiß nicht einmal, ob es eher an seiner Unter—oder an seiner Überaufgeklärtheit liege, daß er den anderen nicht gefällt. Der konfuzianische Chinese, was nun? Wäre es für ihn und auch für andere besser, wenn er sich von der tätigen, lebensfrohen und fortschrittsfreudigen Welt der Aufklärung in die taoistische Welt des Nichtstuns oder in die buddhistische der Entsagung zurückzöge? Wäre man dann zufrieden mit ihm?

Hoffentlich hilft uns die dritte chinesische Aufklärung, eine befriedigende Antwort auf diese Frage zu finden.

Ich danke Ihnen für Ihre Aufmerksamkeit.

Aufklärung und Religion

Prof. Dr. Dr. h.c. Otfried Höffe, Universität Tübingen

I

Das Prinzip der Aufklärung, das Immanuel Kant wie in Stein gemeißelt formuliert, schafft eine neue Beziehung des Menschen nicht nur zur natürlichen und zur sozialen Welt sowie zu sich selbst. Es erfaßt auch das Verhältnis zur Religion und zu Gott. Diesen systematischen Gedanken werde ich in vier Schritten entfalten: Zunächst zeige ich, wie die Aufklärung für die Religion sowohl eine Entlastung bringt als auch eine Herausforderung bedeutet. Sodann stelle ich zwei Grundmodelle von religiöser Aufklärung vor und werfe in religiöse Texte den Blick eines Philosophen. Ich schließe mit empirischen Hinweisen auf die Lage der Religion heute.

Also erstens Entlastung und Herausforderung: Durch den 'Mut, sich seines eigenen Verstandes zu bedienen', entdeckt und entfaltet sich der Mensch als selbstverantwortliche Person. Für Erkennen, Handeln und Politik selber zuständig, tritt er allen Autoritäten, folglich auch religiösen

Aussagen und Institutionen, als in sich gefestigte Person entgegen. Diese richtet ihr Leben am eigenen Gewissen und an einer schon natürlichen, also nicht auf Religion angewiesenen Moral aus.

Erneut gibt Kant das Prinzip vor. In dem Werk, das nach Arthur Schopenhauer "das wichtigste Buch" ist, "das je in Europa geschrieben worden", in der *Kritik der reinen Vernunft*, erklärt er (A xi) : "Unser Zeitalter ist das eigentliche Zeitalter der *Kritik. Religion*, durch ihre *Heiligkeit*, und *Gesetzgebung*, durch ihre *Majestät*, wollen sich gemeiniglich derselben entziehen. Aber alsdann erregen sie gerechten Verdacht wider sich, und können auf unverstellte Achtung nicht Anspruch machen, die die Vernunft nur demjenigen bewilligt, was ihre freie und öffentliche Prüfung hat aushalten können. "

Die öffentliche Prüfung fällt keineswegs nur negativ aus. Dass das Selbstbewusstsein der Aufklärung vor religiösen Institutionen nicht haltmacht, führt nicht zu einer generellen oder sogar pauschalen Religions- und Kirchenfeindlichkeit. Der Fürst der deutschen Aufklärung, Leibniz, schreibt eine berühmte *Theodizee*, also Rechtfertigung *von der Güte Gottes*. Kant verwirft zwar alle theoretischen Gottesbeweise. Seine drei Kritiken gipfeln aber in einer Moralphilosophie, für die eine Moraltheologie wesentlich ist. Und eine seiner bedeutendsten Schriften trägt den Titel *Die Religion innerhalb der Grenzen der blossen Vernunft*. Fichte schließlich will im *Versuch einer Kritik aller Offenbarung* die Vernunftmäßigkeit religiöser Offenbarung nachweisen.

Die Aufgabe, selber verantwortlich zu werden, stellt sich nun kulturunabhängig allen Menschen. Dass daher die Aufklärung keinen eurozentrischen, sondern einen universalistischen Charakter hat, bringt für die Religion sowohl eine Entlastung als auch eine Herausforderung. Entlastet wird die Religion, weil die Aufklärung nicht an bestimmte Kulturen und Epochen gebunden ist. Aus diesem Grund, der interkulturellen und interepochalen Bedeutung von Aufklärung, kann sich die Religion ihr auf Dauer schwerlich entziehen, und darin liegt die Herausforderung. Ich beginne mit der interkulturellen Bedeutung und gehe dann zur bleibenden Herausforderung über, zu der in der "Einleitung" genannten Aufklärung als unabgeschlossenem Prozess.

II

Um das verbreitete Missverständnis zu entkräften, die Aufklärung sei an die europäische Neuzeit gebunden, erinnere ich exemplarisch an vier andere Aufklärungsbewegungen. Eine davon, mein Beispiel aus China, Xun Zi, habe ich schon in der "Einleitung" erwähnt. Die vier Beispiele vertreten zusammen zwei sich gegenseitig ergänzende Grundmodelle.

Das erste Beispiel und erste Grundmodell besteht in einer religionsexternen Religionskritik. Die autonom gewordene Vernunft nimmt sich das Recht, die Religion samt ihren Gottesvorstellungen auf ihre Vernünftigkeit hin zu überprüfen. Im griechischen Mythos ist der Regenbogen die Erscheinung einer Göttin, Iris genannt. Einer der Philosophen vor Sokrates, Xenophanes, verabschiedet den Mythos zugunsten des Logos; er setzt nämlich an die Stelle des Mythos eine natürliche Erklärung: "Und was sie Iris nennen, auch das ist nur eine Wolke, purpurn und hellrot und gelbgrün anzuschauen".

Schärfer wird Xenophanes, wenn er die aus Homer- und Hesiodt-
exten bekannten Götter als ungöttlich entlarvt: "Die Äthiopier behaupt-
en, ihre Götter seien stumpfnasig und schwarz, die Thraker, blauäugig
und blond". Seine Kritik geht noch weiter: "Wenn aber die Rinder,
Pferde und Löwen Hände hätten und mit den Händen malen könnten
und Werke schaffen wie die Menschen, dann würden die Pferde
pferdeähnliche und die Rinder rinderähnliche Bilder der Götter malen
und Körper bilden von der Gestalt, die sie selber haben." Schließlich
vertritt Xenophanes einen neuen, "aufgeklärten" Gottesbegriff; sein
Kern ist ein von den sogenannten Buchreligionen unabhängiger Monotheismus: "Ein einziger Gott, unter Göttern und Menschen der Größte,
weder an Gestalt den Sterblichen ähnlich noch an Gedanken." (Nur in
Klammern. Vergessen darf man nicht die ägyptischen Aufklärungen,
insbesondere nicht die Echnaton-"Episode" mit ihrem vorjüdischen
Monotheismus.)

Der in der "Einleitung" erwähnte Vertreter "fernöstlicher"
Aufklärung, ein zweites Beispiel, folgt dem Xenophanes-Modell und
beschränkt es, wie Xenophanes auch, nicht auf die Religion. Xun Zi,
der konfuzianische Meister Xun, erhebt eine für Aufklärung typische
Forderung: Man darf nicht immer, wie es im Konfuzianismus vo-
rherrscht, der Tradition folgen. Stattdessen soll sich der menschliche
Geist von Aberglaube und Vorurteilen befreien.

Das zweite Grundmodell, die nicht mehr religionsexterne, sondern
religionsinterne Aufklärung, zeigt sich im dritten Beispiel. Im Alten O-
rient, sowohl in Ägypten als auch im Zweistromland, in Mesopota-
mien, waren Religion, Gesellschaft und Staat trotz ihrer funktionalen

Differenz eng miteinander verquickt. Dem gegenüber lesen wir im Neuen Testament, bei Matthäus (22, 21), auch Markus (12, 17), eine Ent-Quickung: "Gebt dem, Kaiser, was des Kaisers, und Gott, was Gottes ist". ("Caesari Caesaris, Deo Dei"). Hier trennt sich die religiöse von der staatlichen Sphäre, was beide Seiten von der gegenseitigen Umklammerung befreit. In einer wechselseitigen Emanzipation wird die politische Aufgabe, die Herrschaft, von der religiösen Aufgabe, dem Heil, getrennt. Diese gegenseitige Relativierung entlässt den Staat aus vorgeblichen Pflichten gegen Religion und Kirche; die Religion wiederum vermag einer weltanschaulichen Neutralität des Staates ohne Demütigung und ohne Ressentiment zuzustimmen.

Das vierte Beispiel erinnert an die große islamische Aufklärungsbewegung, die sich aus der Rezeption von "heidnischen", nämlich griechischen Texten der Philosophie, Mathematik, Astronomie und Medizin entwickelt. Im Verlauf der islamischen Aufklärung werden, wie es analog auch im Judentum und im Christentum geschieht, über weite Strecken sogar im Gespräch mit ihnen, Lehren der heiligen Schrift, für den Islam: des Koran, mit Hilfe von Logik und Metaphysik zu einer wissenschaftlichen Theologie fortentwickelt. Durch sie sollen selbst religiöse Skeptiker rational überzeugt werden.

Aus der etwa vier Jahrhunderte währenden Glanzzeit islamischen Denkens greife ich nur zwei Vertreter des neunten und zehnten Jahrhunderts heraus. Sie belegen im Vorübergehen die Vielfalt innerreligiöser Aufklärung, denn sie repräsentieren zwei ihrer konkurrierenden Formen (für den ersten Einblick in deren Epoche vgl. Höffe[3] 2008, Kap. 6): Nach dem Philosophen und Universalgelehrten al-

Kindi (ca. 800—870 n. Chr.) kann man religiöse Grundgedanken wie die Schöpfung aus dem Nichts mit den Mitteln blosser Vernunft einsichtig machen. Gäbe es trotzdem einen Konflikt zwischen Vernunft und Offenbarung, so sei der Koran überlegen. In dessen Prophetie finde sich nämlich die höchste, durch Wahrnehmungs—oder Denkfehler nicht verzerrte Form des Wissens. Dem widerspricht zwei Generationen später Al-Farabi (ca. 870—950). Er stellt eine Hierarchie von Wissensformen auf, die die orthodoxe Theologie provoziert. Denn an der Spitze steht nicht mehr wie bei al-Kindi der Koran, vielmehr das beweisbare, allgemeingültige Wissen der Philosophie und Wissenschaft. Die Theologie sei-nur-zu "wahrscheinlichen" Aussagen im Sinn von Aristoteles' *Topik* fähig. Ein anderer Teil der Religion schließlich, der Ritus, stellt die Wahrheit bloss partikular, lediglich für einen gewissen Kulturraum gültig dar. Beauftragt, " das Volk zu überzeugen ", habe der Ritus den Rang einer Rhetorik in Aristoteles' Verständnis.

Ich gehe nun von dem die Religion entlastenden Blick über zur Aufklärung als Provokation der Religion. Nicht nur bestallte Theologen dürfen religiöse Texte lesen. Weil es auch Philosophen nicht verwehrt ist, erlaube ich mir, für die Aufklärung religiöse Gründe zu nennen, also aus religiösen Texten Bausteine für eine "Theologie innerhalb der Grenzen der blossen Vernunft" aufzusammeln.

Ein erster Baustein: Nach meiner Lektüre der *Genesis* (1, 26) werden weder bloss Theologen noch lediglich fromme Religionsanhänger zum Ebenbild Gottes erklärt. Dasselbe gilt für die Aussage des Koran, Gott habe den Menschen seinen eigenen Geist eingehaucht. Sie findet sich fast wortidentisch in der Sure Saod (Kapitel 38), Vers 72, der Sure Sajde (Kapitel 32), Vers 91 und der Sure Hejr (Kapitel 15), Vers 29. Da also der hohe Rang der Gottesebenbildlichkeit jeden Menschen auszeichnet, hat ebenfalls jeder Mensch das mit diesem Rang verbundene Recht, "sich seines eigenen Verstandes zu bedienen". Auch mit religiösen Argumenten läßt sich also die Berufung des Menschen zur Aufklärung rechtfertigen. Diese Berufung schließt das Recht, eigentlich sogar die Pflicht ein, vor der Tür zur Kirche, zur Synagoge oder zur Moschee den eigenen Verstand nicht abzugeben. Für dieses Recht bieten sich beide Modelle an. Der "fromme Aufklärer" wird das Modell al-Kindi vorziehen, dem die Offenbarung—beim Juden die Thora, beim Christen das Alte und vor allem das Neue Testament—als die irrtumsfreie überlegene Wissensform gilt. Der "liberale Aufklärer" wird dagegen dem Modell al-Farabi folgen, das die säkulare Vernunft für epistemisch vorrangig erklärt.

Selbst wenn die Religionsgemeinschaft sich für das Modell al-Kindi entscheidet, sollte sie aber dem anderen Modell einräumen, was der Aufklärer Kant das Recht auf öffentliches Gehör nennt: "Urtheile und Einsichten ⋯ frei und öffentlich der Welt zur Prüfung darlegen": (*Was ist Aufklärung?* VIII 41). Wie die Doyenne der türkischen Philosophie auf dem letzten Weltphilosophietag, im November 2007 in Istanbul, betonte, ist die Meinungsfreiheit ein unveräußerliches Menschenrecht. Und als Minimum hat die Religion das Aufklärungsniveau von al-Kindi anzuerkennen: Auch einer Offenbarungsreligion steht eine wissenschaftlich-philosophische Auseinandersetzung, eine Theologie im anspruchsvollen Verständnis, gut zu Gesicht.

Gewisse Offenbarungstexte mögen für den "gewöhnlichen" Verstand provokativ, vielleicht sogar ein Skandalon sein. In diesen Fällen darf sich die Religion gegen jene verkürzte Aufklärung zur Wehr setzen, die da verlangt, die skandalösen Texte zu entschärfen. Auf den Boden des gewöhnlichen Verstandes braucht die Religion ihre heiligen Texte nicht "herunterzuziehen" zu lassen. Sie ist auch nicht verpflichtet, auf die in der europäischen Aufklärung vielerorts vorherrschende Einschränkung der Religion auf Moral. Berechtigt bleibt aber die von der Aufklärung erhobene Forderung, die Texte, obwohl eine "geheiligte Offenbarung", auf methodischen Wegen auszulegen und dabei Kontroversen zuzulassen. Zudem muss man erfahren dürfen, wann und in welchen geschichtlichen Zusammenhängen die Texte entstanden sind und wann sie ihre kanonische Gestalt erhalten haben.

Schon eine moderate Aufklärung erwartet also von der Religion eine kritische Hermeneutik, die den genuin religiösen Kern von zeitbedingten Anlagerungen trennt. Auch Muslime haben damit keine prinzipiellen Schwierigkeiten. Beispielsweise erklärt der Vorsitzende des Zentralrats der Muslime in Deutschland, Nadeem Elyas, den Islam nicht für einen Monolithen, der einer einzigen Auslegung verpflichtet sei. Im Gegenteil sei ein innerislamischer Pluralismus erlaubt, und tatsächlich gebe es ihn längst. Der Großmufti von Marseille, Soheib Bencheikh, verlangt sogar, die vielerorts noch vorherrschenden archaischen Interpretationen des Islam aufzugeben.

Ein Minimum der kritischen Hermeneutik dürfen nicht erst die Mitglieder von ihrer Religionsgemeinschaft einfordern. Die Weltöffentlichkeit muss beispielsweise vom Islam verlangen, den Vers

5 der Sure 9 friedensfähig auszulegen, und zusätzlich fordern, dass die friedensfähige Auslegung von allen Muslimen anerkannt wird: "Sind aber die heiligen Monate verflossen, so erschlaget die Götzendiener, wo ihr sie findet, und packet sie und belagert sie und lauert ihnen in jedem Hinterhalt auf." Vergessen darf man freilich nicht, daß auch andere heilige Texte anstößige Passagen enthalten. Im Alten Testament lesen wir zum Beispiel, die im heiligen Land eintreffenden Juden sollen alle fremden Götterstandbilder zerstören.

Bekanntlich teilt der Islam die Menschheit in drei Gruppen ein: Die "Gemeinde" (*umma*) besteht aus den Muslimen; "die Leute des Buches" (*ahl al-kitab*) wie die Juden, Christen und Mandäer (eine gnostische Johannes der Täufer-Religionsgemeinschaft). hängen nach islamischer Ansicht einem Fast-Monotheismus an; erst die Polytheisten (und die Atheisten) sind im vollen Sinn Ungläubige. Die Juden und Christen fallen also nicht unter die mit Gewalt bedrohten Götzendiener. Schon der Selbstschutz der westlichen, im islamischen Sinn auch Götzendiener umfassenden Gemeinwesen, vor allem aber die Selbstachtung jetzt der gesamten nichtmuslimischen Welt muss freilich von den Muslimen fordern, sowohl von ihren religiösen als auch ihren politischen Führern, jeden Krieg gegen Nichtgläubige zu ächten. Intellektuell mag man miteinander streiten; jeder Streit mit Waffen ist dagegen ausnahmslos zu verbieten.

Wer über Politik nicht bloss philosophiert, sondern sich auch als politischen Philosoph versteht, darf sich vor politikrelevanten Bemerkungen nicht scheuen. Liberale Intellektuelle—oder sollte man sie "sogenannte Liberale" heißen? —mögen derartige Bemerkungen zwar nicht, aufgeklärte, weil erfahrungsoffene Zeitgenossen scheuen aber nicht vor ihnen zurück:

Weil ein aufgeklärtes Gemeinwesen von den Religionsgemeinschaften eine methodisch anspruchsvolle Theologie und eine kritische Hermeneutik erwarten darf, hat es ein wichtiges Recht, seinen muslimischen Bürgern gegenüber sogar eine Pflicht, zumindest für die staatlichen und für die staatlich unterstützten Schulen von allen, auch den muslimischen Religionslehrern die für Schulen übliche, wissenschaftsgestützte Ausbildung an deutschen Hochschulen zu verlangen.

Wie sieht es mit den Aufklärungsgeboten von Toleranz und Religionsfreiheit aus? (Zu Begriff und Rechtfertigung der Toleranz s. Forst 2003 und Höffe 2004, Kap. 8.) Für die Aufklärung unverzichtbar und unverhandelbar, kann man sie mit drei sich ergänzenden Argumentationsschritten begründen. Zunächst eine Vorbemerkung:

Dem Vertreter einer monotheistischen Religion mag der Befund schwer fallen, dass polytheistische Religionen *als* polytheistische Religionen es mit der religiösen Toleranz leichter haben. (Und noch leichter hat es ein von vornherein a-religiöses Denken wie der Konfuzianismus.) Zur Gewalt bereite Anhänger finden sich zwar auch in einer polytheistischen Religion wie dem Hinduismus. Zumindest die aus dem Abendland bekannten Polytheismen taten sich aber leicht, ältere und neuere Gottheiten aufzunehmen: Sowohl der griechische als auch der römische Götterhimmel bieten ein gutes Beispiel. Alexander der Große macht sich die kulturelle, einschließlich der religiösen Verschmelzung sogar zum politischen Programm. Und Kaiser Hadrian baut in Rom ein

"Heiligtum aller Götter", das Pantheion.

Der Monotheismus dagegen, philosophisch und theologisch zweifellos ein Gewinn, pflegt zu sagen, als erstes der zehn Gebote sogar: "Du sollst keine fremden Götter mir zum Trotz haben" (Exodus 20, 3). Das Neue Testament bekräftigt dies mit den Worten: "Wer nicht für mich ist, der ist wider mich" (Mt 12,30). Später geht das Christentum noch weiter. Während es Japanern nicht schwer fällt, sowohl Schintoist als auch Buddhist, manchmal sogar zusätzlich Christ zu sein, spaltet sich das Christentum in Konfessionen. Und diese tun sich trotz neutestamentlicher Gemeinsamkeiten wie der Bergpredigt und dem Samaritergleichnis mit der Ökumene schwer.

Trotzdem finden sich im Christentum gute Argumente für die Toleranz. Eine erste, religiöse Argumentationsstrategie erklärt die Glaubensfreiheit als mit der Religion vereinbar. In der Tat hat die Toleranz beispielsweise neutestamentliche Grundlagen, etwa das Prinzip der Gegenseitigkeit und das Liebesgebot, ferner die Bergpredigt, das Gleichnis vom Unkraut unter dem Weizen (Mt 13, 24—30, 36—43), vor allem aber Jesu Verhalten, zur Nachfolge nicht zu zwingen, sondern einzuladen, sichtbar in seiner großmütigen Haltung gegen Sünder (Mk 2, 15—17; Lk 7, 36—50; Joh 8, 3—11). Schließlich darf man an Paulus' Mahnung zu gegenseitigem Ertragen erinnern (Kol 3, 12 f.; 1 Kor 4, 12; 2 Kor 11, 1; Gal 5, 1. 13; s. auch 1 Kor 8, 12 und Gal 3, 28). Und der Muslim kann sich Vers 7 aus der Sure 109 des *Koran* ins Gedächtnis rufen: "O ihr Ungläubigen! ··· Euch euer Glaube und mir mein Glaube."

Die zweite, sowohl staats—als auch religionstheoretische Strategie folgt der erwähnten "Caesari Caesaris"—Formel. Sie entlässt den Staat aus seiner angeblichen Pflicht gegen Religion und Kirche. Als eine weltliche Schutzeinrichtung ist er lediglich beauftragt, grundlegende Rechtsgüter wie Leib und Leben, Freiheit und Eigentum der Bürger zu sichern. Das Ziel der Religion, das Heil, und ein Gegenstand vieler Religionen, das Jenseits, fällt jedenfalls aus der hoheitlichen Zuständigkeit des Staates heraus.

Bleiben wir bei einer Religion, die vor allem in manchen ihrer Stammlande mit Religionsfreiheit und Toleranz Schwierigkeiten hat und die diese Schwierigkeiten im Gepäck vieler Einwanderer in bislang nichtmuslimische Länder mitgibt: Prinzipielle Schwierigkeiten dürfte auch der Islam mit der skizzierten Entquickung, der gegenseitigen Emanzipation von Religion und Staat, nicht haben. Die aus dem Alten Orient stammende Verquickung der Religion mit Staat und Gesellschaft gründet nämlich nicht in seiner religiösen Substanz. Nach dem schlechthin ersten Prinzip, übrigens einer funktionalen Äquivalenz zum ersten Gebot des Dekalogs, nach dem Bekenntnis "Es gibt keinen Gott außer Allah" kommt es dem Islam vor allem auf einen reinen Monotheismus an. Da der Ausdruck "Allah" im Arabischen nichts anderes als "Gott" bedeutet, könnte das Bekenntnis nicht nur von Muslimen, sondern etwa auch von Christen verwendet werden, denn es besteht in der emphatisch vorgetragenen Tautologie: "Es gibt keinen Gott außer Gott". Auch die nächstwichtigen Elemente werden durch eine Entquickung nicht tangiert, weder das Bekenntnis zur Prophetenschaft Mohammeds oder das fünfmalige tägliche Gebet noch das Almosengeben, weder das Fasten im Ramadan noch die Wallfahrt nach Mekka.

Ohnehin kennen selbst islamische Gemeinwesen die Trennung von weltlichem und geistlichem "Herrscher", von Kalif und Sultan.

In jedem Fall ist ein Minimum von Emanzipation zu fordern: Selbst ein Gemeinwesen mit einer stark christlichen, hinduistischen, jüdischen oder muslimischen Hintergrund hat den anderen Religionsgemeinschaften sowohl die persönliche als auch die korporative Religionsfreiheit zu gewähren. Sofern Religionsgemeinschaften abweichende Ansichten, Häresien, mit Ausschluß ahnden, darf dies keinerlei weltlich-staatliche Folgen haben. Vor allem dürfen sie ein etwaiges Verbot, vom angestammten Glauben abzufallen, nicht mit weltlichen, weder mit rechtlichen noch mit sozialen Strafen erzwingen. Im übrigen haben sie selber dagegen verstoßen: sowohl die Christen als auch die Muslime und die Buddhisten, als sie durch eine Mission der "Heiden" sich nach und nach zu global verbreiteten, zu Weltreligionen entfalten. Wer sich das Recht zu missionieren nimmt, seinen Anhängern aber den Austritt verbietet, verstößt sowohl gegen die interkulturell anerkannte Goldene Regel als auch gegen ein unstrittiges Element der Gerechtigkeit, gegen das Willkürverbot bzw. die Ungleichbehandlung.

Eine dritte, personale Rechtfertigungsstrategie religiöser Toleranz geht von der personalen Integrität des Menschen aus. Ihretwegen hat jeder einzelne nicht bloss eine Befugnis, sondern sogar eine Verpflichtung, nach seinem (aufgeklärten) Gewissen zu handeln. Enthält allerdings eine Religion Verbindlichkeiten, die den gesellschaftlichen Frieden bedroht, beispielsweise den Bürger zur Meinung verleitet, er brauche den staatlichen Gesetzen nicht zu gehorchen, so endet staatlicherseits die Gewissensfreiheit.

IV

Meine Überlegungen zum Verhältnis von Aufklärung und Religion blieben unterbestimmt, wenn sie einen wesentlichen Faktor der Aufklärung, der Erfahrung, ihr Recht nähmen. Für mein Thema bedeutet es, daß eine nichtdogmatische Aufklärung sich gegenüber der sozialen Wirklichkeit, dem fortdauernden Gewicht der Religion, offen hält. In den westlichen Demokratien, selbst in den Ländern von West-, Mittel- und Nordeuropa, in denen das Christentum an praktizierter Zustimmung verliert, ohnehin in den muslimischen Ländern übernimmt die Religion einen bunten Strauß von Aufgaben. (1) Sie zeigt sich beispielsweise als eine wichtige Autorität für Wertbildung und Wertevermittlung. (2) Auch schaffen die Religionen Gemeinschaft. (3) Ferner sind sie eine Fundgrube für Lebensweisheit. (4) Sie dienen, säkular gesprochen, der Kontingenzbewältigung. Und vor allem (5) machen sie spirituelle Angebote.

Eine nichtdogmatische, erfahrungsoffene Aufklärung nimmt diese reiche Wirklichkeit nicht bloss zur Kenntnis, sie denkt auch über die Gründe nach. Dabei stößt sie auf mindestens drei sich nicht ausschließende Hypothesen. Nach der anthropologischen Hypothese ist die Religion ein menschliches Grundbedürfnis. Nach der genetischen Hypothese prägt eine der Religionen, das Christentum, die Entwicklung der modernen Welt. Und die Legitimationshypothese sieht in Religionen einen wesentlichen Faktor für die Rechtfertigung eines unveräußerlichen Bestandteils der Moderne, für die Menschenrechte.

Für alle drei Hypothesen gibt es Gegenhypothesen, gewiss. Zur anthropologischen These sagt ein Kritiker, der Szientist, ein Teil der religiösen Aufgaben, insbesondere die umfassende Weltdeutung, könne besser von den Wissenschaften übernommen werden. Nach einem anderen Kritiker vollbringt spirituelle Leistungen auch eine nicht religiös gebundene Meditation, samt nichtreligiöser Askese. Wieder ein anderer erklärt, ein rechtschaffenes Leben werde nicht bloss von frommen Menschen geführt. Und eine vierte Kritik bringt die Religion mit der Behauptung in Verruf, die Religion verkörpere doch nur die Erfüllung von Kinderwünschen, vor allem die Sehnsucht nach Geborgenheit und die Hoffnung auf eine spätestens durch das Jenseits gerechte Welt.

Kritiker der zweiten, genetischen Hypothese betonen die vom Christentum unabhängigen Wurzeln der Moderne, die griechische Philosophie, Wissenschaft und Politik, die stoische Moral und das römische Recht. Und Kritiker der dritten, der Legitimationshypothese erinnern an das Trauma der im Namen der wahren Religion geführten Kriege und Bürgerkriege, ferner an die gerenationenlange vehemente Ablehnung der Menschenrechte seitens der Großkirchen.

Stellung nehme ich heute weder zu den Hypothesen noch den Einwänden. Ich nenne nur eine Einsicht, die aus den einschlägigen Debatten folgt: Die Aufklärung besteht nicht in einem Schatz von infalliblen Wahrheiten. Das Wagnis, sich des eigenen Verstandes zu bedienen, ist ein unabgeschlossener Prozess.

Kommt uns bloss nicht mit Kant!

Mark Siemons, FAZ-Korrespondent

Von Tibet war an diesem denkwürdigen Nachmittag an der Peking-Universität nicht die Rede. Aber die in den letzten Wochen dramatisch verschärften Empfindlichkeiten zwischen China und dem Westen schwangen in jeder einzelnen Formulierung mit, als sich deutsche und chinesische Philosophen darüber austauschten, was "Aufklärung" für sie bedeutet. Es traten die Wahrnehmungsdifferenzen hervor, die den politischen Streit zusätzlich komplizieren—wobei die Konfliktlinien bisweilen alle Erwartung unterliefen: Die Deutschen kamen mit Kant, die Chinesen konterten mit Thomas Mann.

Forschungsministerin Annette Schavan, deren Besuch der Anlass der Zusammenkunft war, erläuterte, weshalb das Thema für sie an diesem Ort wichtig ist: Im Gefolge der Aufklärung habe der Wechsel von der absolutistischen zur demokratischen Herrschaft den Menschen als Zweck an sich in den Mittelpunkt gestellt. Als symbolische Geste schenkte sie der Peking-Universität ein Kant-Porträt von Horst Janssen. Dass im Moment der Übergabe ein verpoppter Schuhplattler vom Band ertönte, brauchte nicht als Perfidie interpretiert zu werden; es war in einer Gesellschaft, in der die gegenseitige Abgrenzung der Stile noch nicht ganz so präzise ist, wohl einfach als Zeichen des Wohlwollens gemeint.

Die über sich selbst unaufgeklärte Aufklärung

Einen solchen Zustand, in dem die "Unterschiede zwischen den Dingen unscharf und die Entwicklungsmöglichkeiten vieldeutig sind", stellte der Pekinger Kant-Forscher Han Shuifa dann in den Mittelpunkt seiner Ausführungen, in denen er eine Parabel des antiken chinesischen Philosophen Zhuangzi auslegte. Die mythische Figur Ungestalt trifft da auf zwei schon wesentlich ausdifferenziertere Freunde, die ihm einen Gefallen tun wollen und sich sagen: "Alle Leute haben sieben Löcher zum Sehen, Hören, Essen und Atmen. Ungestalt hat keins. Wir wollen ihm ein paar Löcher bohren." Also bohren sie ihm jeden Tag ein Loch, und am siebten Tag, so endet die Parabel, "starb Ungestalt". Für Han Shuifa ist dieser Hilfsversuch Sinnbild eines über sich selbst nicht aufgeklärten Aufklärungsbegriffs, der eine für alle in gleicher Weise gültige Vernunft annimmt und keine Unterschiede duldet. Der Mensch werde dabei zum blossen Objekt der Vernunft und deren Manipulationen.

Han ließ keinen Zweifel daran, dass er dabei an China dachte, dem die "glorreiche Aufklärung aus dem Westen schon unvergleichliches Leid zugefügt" habe. Mit Foucault empfahl er, dass sich die Aufklärung stattdessen zu Kritik und Selbstkritik weiterentwickle.

Kein europäischer Exklusivanspruch

Die Vorträge nahmen nicht direkt aufeinander Bezug, aber das Thema "Differenz" war in die Argumentation der Deutschen schon eingebaut. Der universelle Anspruch der Vernunft vertrage sich durchaus mit der Verschiedenheit der Menschen, sagte der Kölner Romanist Andreas Kablitz mit Aristoteles; die "Freiheit" des Toleranzgebots wollte er gerade als Verzicht auf Determinationen verstanden wissen. Der Tübinger Philosoph Otfried Höffe, der in seinem Buch "Demokratie im Zeitalter der Globalisierung" die Idee einer "föderalen, subsidiären Weltrepublik" entwickelt hatte, sah die Allgemeingültigkeit der aufklärerischen Forderung, sich seines eigenen Verstandes zu bedienen, auch darin zum Ausdruck gebracht, dass Europa keinen Exklusivanspruch auf sie erheben dürfe.

Während die Deutschen also eine Universalisierbarkeit des Verschiedenen voraussetzten, beharrten die Chinesen auf einer Verschiedenheit der Universalien. Wie Han Shuifa sprach auch der Germanist Huang Liaoyu von einer spezifisch chinesischen Aufklärung. Als Kronzeugen rief er Dr. Ting-fu auf, einen ständig kichernden Chinesen, der eine winzige Nebenrolle in Thomas Manns "Zauberberg" spielt. Bei einer okkultistischen Sitzung fasste er als Einziger "den gesunden Gedanken, das Deckenlicht einzuschalten, so dass alsbald das Zimmer in Klarheit lag". Für Huang ist in diesem deutschen Chinesenbild tatsächlich etwas Typisches ausgesprochen: die Diesseitigkeit des konfuzianischen Chinesen. Auf der einen Seite verbinde ihn diese mit dem Humanisten Settembrini im Roman und der westlichen Aufklärung im Allgemeinen, auf der anderen Seite werde er um ihretwillen auch beargwöhnt, weil er unfähig zu transzendenten Gedanken und zur Abstraktion schlechthin sei.

Wille vor Intellekt

Die Entkonfuzianisierungsbewegungen des letzten Jahrhunderts hätten dieser konfuzianischen Aufgeklärtheit dann noch neue Akzente hinzugefügt. Huang nannte unter anderem zwei, die er der "institutionalisierten marxistischen Aufklärung" zuschrieb: eine Betrachtung der Geschichte "ohne Sentimentalität und moralische Aufgeregtheit" und einen Sinn für den Primat des Willens, dem gegenüber der Intellekt nur als Dienstmädchen in Betracht komme. Mit diesem geistigen Rüstzeug seien die kapitalistisch gewordenen Chinesen davon überzeugt, dass der Überbau von der Basis abhänge "und dass mit der rasanten Wirtschaftsentwicklung auch zivilisatorische, politische und moralische Fortschritte gemacht werden können".

So mündete Huangs in subtilem Deutsch vorgetragene Betrachtung ins Resümee: "Der konfuzianische Chinese der Gegenwart ist zufrieden mit der Welt und mit sich selbst, wie er es lange nicht mehr war. Aber die Welt ist unzufrieden mit ihm. Darunter leidet er schon ein bisschen." Verstehen könne er es indessen nicht: Sofern er schon ins "kapitalistische Weltsystem" integriert sei, wirke er mit seiner Diesseitigkeit doch entscheidend am "Werk der europäischen Aufklärung" mit und schade niemandem.

Kulturrelativismus und Universalismus

Bei aller Ironie äußerte sich da eine unter Chinesen heute tatsächlich weitverbreitete Ratlosigkeit, was "der Westen" überhaupt von ihnen wolle; die Kritik an der Verletzung von Menschenrechten wird dabei oft gar nicht erst zum Nennwert genommen, sondern für eine bloss ideologische Verschleierung anderer Interessen gehalten. So stieß auch an diesem Nachmittag der Wille, alle Einzelnen, wo auch immer sie leben, zum Gebrauch der Vernunft zu befreien, auf die Erklärung, dass die Selbstbestimmung des Einzelnen mit der Anerkennung der Verschiedenheit seines kulturellen Eingebundenseins beginne. Die politisch-kulturelle Bedingtheit der eigenen Sprecherrolle mag in der Tat ein blinder Fleck des westlichen Universalismus sein; die Immunisierung gegen Kritik durch "Kultur" ist es auf der anderen Seite allerdings nicht minder. Der gegenseitigen Aufklärung bleibt noch einiges zu tun.